天赋教育

Talent-Based
Education

吴龙英 著

中国妇女出版社

联合推荐

在人工智能快速发展的今天，教育的目的、过程和手段都在发生快速的变化。从目的上来说，人工智能的突破让人类的教育不能再简单地停留在对知识和技能的掌握上。跟随着人工智能的发展进程，人类的天赋是人工智能所无法触及的，如何以此调整教育的目的，既是挑战也是机遇。从过程上来说，人工智能的突破让除了人类以外的智能体有可能加入发现和培养人类天赋的过程中来，这将为人类的教育带来革命性的变化。其中，洞察人类教育的本质也是只有人类的天赋才有可能做到且是最关键的过程变革要素之一，既是起源也是结果；从手段上说，人工智能在现有教育和将来教育中的不断使用，使人类教育中最为重要的稀缺资源也就是人类的辛勤劳动，有可能不再成为每个人呈现的独特价值和核心竞争力，天赋教育既是必然也是必需。龙英老师的天赋评测体系和天赋教育的理念正是在这样一个大时代下集长期以来的理论与经验的一个综合阐述，其与人工智能的结合，相信在不久的将来必将取得丰硕的成果！

——科大讯飞创始人之一、国家863人工智能专项首席专家　胡　郁

吴老师所著的《天赋教育》，首先让我们看见天赋是可以被培养的，这对于大众认知可能是一种颠覆，很多人总觉得天赋是天生遗传的，其实可能是你孩子的天赋未得到发掘和培养。其次，吴老师把天赋教育总结为一个完整的、系统的教育方法，这有助于家长和老师采取科学的教育方法去关注培养学生的天赋。这是学生生涯规划教育的一个补充和创新。

——浙江大学教授、博士生导师　金　涛

中国当代著名哲学家冯友兰先生曾说，一个人能成功的要素有三：才、命、力，即天资、命运、努力。我以为去除不可控的命，尽可能遵循一个人的天赋去培养，选择擅长和热爱的事，努力去做，就可以过好这一生。

——暴叔讲留学创始人　刘　恒

天赋教育是让孩子在属于自己的赛道上闪闪发光！我和吴龙英老师创办的天赋学苑合作开设过亲子班。在班上教授沈氏太极时，同样的动作，有些学员天赋异禀，有些学员强身健体！

——中国太极拳名家、俄罗斯自然科学院院士　沈　智

人与人之间存在发展差异，每个孩子的独特性可能反映不同的天赋潜能倾向。教育者需通过长期、丰富的体验机会，观察孩子的持续兴趣与问题解决策略，并给予差异化支持。当个体独特性获得深度发展时，更可能实现自我效能感与创造力的协同增长。

——杭州云谷幼儿园总园长　蔡伟玲

天赋犹如人内在的火山，注定要喷发出生命的华彩。没有被显现的天赋犹如笼中的困兽，在不经意的夜晚摇晃着栅栏发出不甘的嘶吼。让每个人的天赋得到全面的发展，是刻不容缓的任务，是生命与时代的需求。龙英老师如同岩浆斗士，一直冲在天赋教育的最前线，用自己的心力和时间，去唤醒更多的家长，托起更多的孩子。

——漫画家、诗人　汪　幸

十年前初见吴龙英老师，便被她眼中对教育纯粹的热忱所打动。那时的她，带着对天赋教育的深刻思考与执着信念，踏上了这条充满挑战却意义非凡的创业之路。作为早期的参与者，我有幸见证了这段漫长而精彩的征程，也深知她所追求的，远不止是一份事业，更是一场关乎生命成长与教育创新的深刻实践。

十年间，吴老师遇到过无数的挑战，却始终坚守初心，用专业的知识、温暖的情怀和不懈的努力，帮助一个又一个孩子发现自己的天赋，实现人生的价值。这种“用大情怀做实事，创造真价值”的理念，贯穿了她十年的创业历程，也成为《天赋教育》这本书最坚实的内核。希望这本书能够为中国的教育事业注入新的活力，让更多的孩子在天赋教育的滋养下，拥有一个充满希望与可能的未来。

——2025 人工智能先锋者 30 人、天使投资人 Mark（陈曙）

教育领域的“内卷”像层无形的网，常让我们在陪伴孩子成长的路上感到力不从心。想守护每个独特的灵魂，却总在标准化的焦虑中找不准发力点。直到遇见吴龙英老师和她的天赋教育，让我们像在迷雾里撞见了星光。她的理念不仅让我们看清了“尊重差异”的真正路径，更给了我们实实在在的工具和抓手。更让人欣喜的是，许多经吴老师培训的天赋测评咨询师陆续加入我们的队伍。他们带着专业的眼光和温暖的耐心，让我们的志愿服务从“凭热情”走向“靠专业”。如今，越来越多的学校向我们敞开大门，越来越多的家长愿意把孩子交给我们引导。这份认可，离不开吴老师播下的天赋教育种子。相信这本《天赋教育》，能让每个孩子都有自己的生长节奏。

——宁波市皓哥读书志愿服务中心主任　李　皓

前言

天赋的经纬与回归本原的教育

如果请你教会孩子一种本领，你要教孩子什么？正如老鹰教小鹰飞翔，母狮教小狮子捕猎，你要教孩子记单词、背课文、学算术，还是启蒙孩子的“天赋”，让孩子拥有一技之长？

“天赋”一词，自古以来便承载着人们对个体潜能的无限遐想与期待。“天赋教育”也是世界各国英才教育研究的核心议题。天赋教育的“育”是本，是起心动念，是育者之心；而“教”是源，是技能方法，是表现形式。剖析“天赋教育”的认知边界，理解天赋是成长蜕变的内驱力和原动力。这就是天赋教育与常识、技能教育最大的不同。当科技竞争日益加剧，全球人口出生率下降，我们比任何时候都需要重拾先贤的智慧，回归本原，激发每一个人的天赋，让学习、工作、生活更幸福。

“教育”在人类历史长河中，是推动社会进步和文明发展的关键力量。随着科技的发展和全球化的加速，一场由人工智能掀起的前所未有的教育变革正影响着我们每一个家庭的教育方式和孩子的成长路径。当脑科学的发展让记忆力通过可穿戴设备增强，当算法编织的霓虹迷网中，大模型层出不穷，当学历贬值，找工作越来越难时，我们开始思考回归本原的教育。

人工智能时代的孩子们，到底应该学什么才能拥有持续的竞争力和幸福的能力呢？

老子写下“道法自然”；

孔子提出“因材施教”的哲思；

孟子以仁义礼智的“四端说”唤醒沉睡的潜能；

苏格拉底在雅典集市催生“认识自己”的思考；

柏拉图在《理想国》中构建呵护天赋的土壤；

新生代在元宇宙中重演“庄子梦蝶”的认知革命；

于是，就有了当子路与冉有向孔子请教同一命题，孔子给出的答案却截然相反——刚者抑其锋芒，柔者淬其心志。

当东方先哲以“有教无类”表达平等博爱，西方教育心理学家用“多彩光谱”实践印证。

当东西方的教育智慧在这里形成奇妙共振：他们共同遵循了一种规律，即顺应“天赋”，让每个人成为自己。

在近代全球教育实验中，我们见证了多种创新：陶行知先生走进晓庄的稻田，将王阳明“知行合一”的心学淬炼成“生活即教育”的犁铧；德国将哲学思辨纳入幼儿教育课程；印度乡村教师为底层家庭的孩子开设了“星空数学课”；上海高中生用区块链技术为敦煌壁画建立数字基因库；新加坡 GEP 天才计划的学生用音乐智能解读数学拓扑；芬兰的现象教学法将自然观察智能融入编程课程；加拿大森林学校用松针排列教授斐波那契数列；南非教师将垃圾堆变成材料科学实验室；因纽特儿童的冰雪建筑智慧与硅谷少年的量子计算天赋同样珍贵。这些创新背后，打破了分数的禁锢和成才的标尺，是对天赋的重新定义与释放。

我们看见天赋的经纬与智能的光谱交织成一张复杂而精细的网络，循着每一段独特的生命纹路，终将在人类共有的织锦中找到属于自己的坐标。

我们看见，活出天赋，是一场与自我探索的英雄之旅。在这场生命自由生长的无限游戏中，教育的使命是呵护每个孩子的天赋，让那些曾被分数和种族界限割裂的星光，在重构的天赋星系中，联结成照亮人类未来的星河。

我们看见，人类正在缔造新的文明契约——每个生命都是一颗钻石，当天赋之光照在身上，从不同侧面折射出独有的璀璨，每个人都能活出天赋绽放的幸福人生，世界也因你的绽放而精彩。每个生命都能如苏东坡在《赤壁赋》中描绘的那样，“寄蜉蝣于天地，渺沧海之一粟”，以独一无二的生命形态，参与到宇宙的永恒交响之中。

《天赋教育》这本书，从念想到出版，我用了 15 年时间，从正式提笔写到成书历经 3 年多，比起 AI 的秒成，显得太慢了，但字里行间都是我心路历程的印记。

书中五个章节，构建起了完整的天赋教育体系。“天赋是玩出来的”，以观点打破了传统教育对学习与娱乐的刻板划分，让我们重新认识到，孩子在玩耍中展现出的好奇心、创造力和探索欲，正是天赋最初的萌芽。

本书作者

“发掘天赋的时间与契机”，则引导家长和教育者以敏锐的洞察力，捕捉孩子成长过程中那些稍纵即逝的天赋信号，让教育真正做到因势利导。

“顺应孩子天赋，做好教育规划”为我们提供了科学的教育路径，让天赋不再是偶然的发现，而是可以通过系统的规划与培养得以充分发展。“发掘天赋的九个方法”更是将理论转化为具体可行的实践，为家长和教育工作者提供了实用的指导工具。而“藏着幸福密码的成就公式”，则超越了单纯的天赋培养，将教育与个人的幸福、人生的成就紧密相连，赋予了天赋教育更深远的意义。

每个父母都是孩子的天赋启蒙导师，愿此书能成为你育儿的枕上书和心灵的陪伴者，愿更多人能成为“天赋的发掘者，生命成长的伯乐”，愿我们一起陪伴万千孩子健康快乐成长。

目录

第一章 天赋是玩出来的

第二章 发掘天赋的时间与契机

第三章 顺应孩子天赋，做好教育规划

第五章 藏着幸福密码的成就公式

第一章

天赋是玩出来的

玩是一件充满活力而有趣的事，

是一种符合孩子天性的学习方式。

读过的书容易忘记，玩过的游戏却总是记忆犹新。

给孩子“有准备的环境＋高质量的陪玩”，就是最好的学。

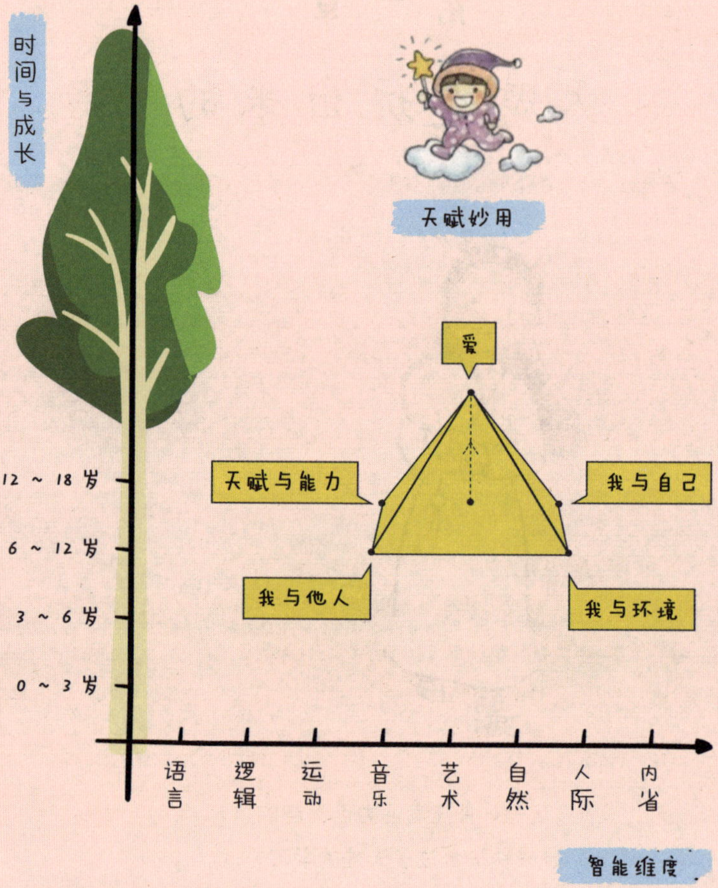
时间与成长
天赋妙用
爱
天赋与能力
我与自己
我与他人
我与环境
12 ~ 18 岁
6 ~ 12 岁
3 ~ 6 岁
0 ~ 3 岁
语言
逻辑
运动
音乐
艺术
自然
人际
内省
智能维度

童年玩不同，未来大不同

天赋是什么？

天赋是指对某些事物或在某个领域具备天生擅长的能力。例如，你一开始做某件事就能不费劲地比别人做得更好，并且呈现出来的状态是擅长、热爱并有卓越的品质。

人们对“天赋”的理解主要有四类，即智商（如IQ测试分值高，学习成绩好等）、成就（如运动员获得奥运会奖牌）、创造力（在某一领域创新知识或通过所做工作带来所在领域的巨大变革）、事实（如有些人天生长得漂亮，拥有好嗓音）。

“多元智能理论之父”霍华德·加德纳教授在1983年负责美国哈佛

作者与霍华德·加德纳教授

大学“零点项目”期间，提出了多元智能理论。他认为每个人身上都有八种不同的智能：语言智能、逻辑数学智能、音乐智能、空间智能、自然观察智能、自我认知智能、人际认知智能、身体动觉智能。加德纳教授把智能定义为“在特定的社会和文化环境的价值标准下，个体用以解决问题或生产及创造出某种产品所需要的能力”。加德纳教授还认为：“智能是指一种处理信息的生理和心理潜能。这种潜能会在特定文化背景下被激发，用以解决问题或是创造该文化所珍视的产品。”而“优势智能”就是人们在处事和遇到难题时，习惯采用或最擅长应用这种智能来思考以及解决困难与问题的能力。加德纳教授认为，在正常条件下，只要有适当的外界刺激和个体本身的努力，每个个体都能发展和增强自己的任何一种智能，他们的潜能可以为他们创造出不同的成功机会。人们通常把这种优势智能称为天赋。

为了让大家对八大智能有一个具象化的理解，我们设计了8个成长玩伴，分别是维宝、洛格、贝思、麦粒、布迪、嗖嗖、伊娜和奈奇。

维宝的创作灵感源于多元智能理论中的语言智能（Verbal Intelligence）。作为八个成长玩伴中的两个主角之一，我们给维宝的定位是一个喜欢交流的可爱精灵形象。我们选择桃红色作为它的主色调，角色设定为热情、可爱、活泼、俏皮的性格特点，头顶的蝴蝶结和精灵耳朵让它更有灵性。丰富的表情，乐观向上的性格，小身体、大脑袋的可爱体形会让孩子们更容易去亲近它。我们希望热情的维宝能够带领孩子们勇于表达，爱上表达，乐于交流。

洛格的创作灵感源于多元智能理论中的逻辑数学智能（Logical Intelligence）。作为八个成长玩伴中的另一个主角，我们给洛格的定位是聪明可爱的精灵形象，它有着同维宝类似的可爱体形、精灵的耳朵，它的头顶是爱心。在保证两大主角外形基本一致的情况下，我们给洛格选择了橙色和黄色作为主色调，明亮的颜色会让孩子们的思维更加兴奋活跃。我们希望孩子们可以在洛格的陪伴下变得善于思考，做事有逻辑。

贝思的创作灵感源于多元智能理论中的空间智能（Spatial Intelligence）。通过对空间智能的理解，我们希望可以用这个可爱的卡通形象，使抽象的空间智能概念具化为一个温暖、温柔、有包容性的儿童成长玩伴。贝思圆润、毛茸茸的大块头外形不但令人印象深刻，容易被孩子们记住，同时也会给他们带来温暖、可靠的感觉。我们希望孩子们可以在贝思温暖的怀抱中度过快乐的时光。

麦粒的创作灵感源于多元智能理论中的音乐智能（Melody Intelligence）。我们给麦粒设计了一对大耳朵，凸显其对于声音的敏感，同时让它背了一把电吉他，体现出它对音乐的热爱。麦粒个头小小，乐观开朗的形象会让孩子们更有亲切感，我们希望麦粒能够用它自身的魅力给孩子们带来欢乐，陪伴孩子们享受音乐的乐趣。

布迪的创作灵感源于多元智能理论中的身体动觉智能（Bodily Intelligence）。在布迪的外形设计上我们选择了夸张奇特的身体构造，以“线状身体”和“任意变换形状”作为它的设计方向，体现出身体动觉智能所主要表现的对身体能够较好控制的特点。我们希望布迪在帮助培养孩子身体动觉智能的同时，以其夸张的表情和奇怪的动作激发孩子们的创造力和想象力。

嗖嗖的创作灵感源于多元智能理论中的人际认知智能（Social Intelligence）。通过对于该智能的解读，我们将嗖嗖的外形设计成一个会飞的角色，能够穿梭于森林中间，同其他玩伴沟通交流，主要展现出它善于交际的性格特点。我们希望个头小小、人见人爱的嗖嗖可以让孩子们敞开心扉，快乐地沟通交际。

伊娜的创作灵感源于多元智能理论中的自我认知智能（Interpersonal Intelligence）。通过对自我认知智能抽象概念的理解，我们将伊娜设计成一个安静、内敛的形象，它善于思考、把握自己的情绪。一对长长的耳朵牵拉在地上，乖巧可爱的造型让人心生爱意，四个犄角好似皇冠一般，让人感受到它的智慧。我们希望伊娜这个充满智慧的角色能让孩子们逐渐认识自己、了解自己。

奈奇的创作灵感源于多元智能理论中的自然观察智能（Naturalist Intelligence）。我们希望在卡通形象的设计上能融入“自然”和“观察”两个元素，于是我们给奈奇选择了大自然中最为常见的绿色作为主色调，还给它设计了三只大眼睛，凸显出它的观察能力强。新奇的外形能够很好地引起孩子们的兴趣，我们希望奈奇能够成为与孩子们一起观察自然、探索自然的好朋友。

为什么天赋启蒙很重要？

如果说成功是外界对个人杰出表现的认可，那么幸福则是自己内心最深层次的满足感。天赋正是通往幸福的关键。过去，很多父母关注“孩子是否会输在起跑线上”；未来，我们更注重“如何让孩子获得人生幸福的能力和终身学习的能力”。

都说“兴趣是最好的老师”，人在学习和工作时存在两种状态：一是乐在其中，二是努力坚持。人做事的状态决定了活动的可持续性，继而影响着结果。

中国伟大的思想家、教育家孔子曾提出为学的三种境界：“知之者不如好之者，好之者不如乐之者。”“知之者”，指的是普通的学习者；“好之者”，指的是努力的学习者；“乐之者”，指的是享受学习过程的学习者。“知之者”的特点是不得已而学，知道一些事情，掌握某项技能；“好之者”为探寻奥秘而学，为目标而学，在学习中追求精进，从而不断突破领域的边界，带来持续的创新。当一个人真正达到“乐之者”的境界时，就会体验到“心流”的感觉。纵观历史，能真正做到“乐在其中”的人少之又少，先贤孔子、苏东坡、王阳明等都是做事有乐趣、做人很乐观的典范。而历史上的伟人都是因为意义去干大事，例如诸葛亮为兴复汉室而五次北伐。相比之下，普通人往往围绕“性情名利子”的欲望驱动而忙碌。

起心动念的初衷不同，成事的影响力不同，活法和心境也不同。而成为“乐之者”的核心是“启蒙天赋”。

如何启蒙孩子的天赋？

父母都希望孩子学习成绩优异，考入好学校，将来有所作为。但为什么很多父母教不好自己的孩子呢？

著名家庭教育专家蔡笑晚先生分享了他把六个子女送进世界名校的六字箴言：“早教，立志，自学”。其中的早教即早期教育。早期教育是天赋启蒙的关键，这是因为每个孩子的大脑对事物形成的“优质敏感记忆”不同，有人天生对文字和数字敏感，有人喜欢音乐，有人爱画画。那些看上去是上了小学之后才拉开的差距，事实上早在婴幼儿时期就深深埋下了兴趣的种子，这就是天赋启蒙教育的意义。

父母和孩子在一起时，通常有两种状态。一种状态是说教，但孩子3岁就开始了人生的第一个叛逆期，直到青春期进入叛逆高峰，如果父母总以权威姿态来管教孩子，结果往往会“两败俱伤”。另一种状态为父母是玩伴。只有成为孩子的玩伴，蹲下来，陪孩子一起玩，在玩中启蒙和发现孩子的天赋，再顺强补弱，才是教育的本原。

对于幼儿园时期的孩子来说，玩就是最好的学习，而对于中小学生来说，以兴趣激发内驱力，让学习的积极成果引发成就感和心流体验。此时，对学习的良好感觉会反馈并持续滋养学习动机，从而让孩子越来越“好学”。这种状态适用于任何学科和兴趣的培养。

育教法则

真正的教育智慧，不在于过早定义孩子的天赋类型，而在于创造一个丰富的场域环境（详见我的另一本书《早期教育环境创设》）。天赋启蒙的本质是“在呵护中启发，在关爱中蒙养”，如同培育混交林而非单一作物，多元化的刺激、包容的环境和智慧的观察，终将帮助每个孩子找到最适合自己的生命成长方式，让每个孩子成为最好的自己。

生活实践

- 构建基于视觉、听觉、触觉的“感官优先”的启蒙环境和游戏场景。
- 打造艺术—科学融合、运动—思维联动、语言—逻辑嵌套的“跨域联结”的认知网络。
- 建立“家庭—学校—社区”的天赋生态圈，让孩子既能融入与他人形成广泛共鸣，又能“脱嵌”[1]与自我独立相伴。

1 脱嵌，指原本嵌入社会关系或结构中的个体或事物脱离原有环境，变得独立或孤立。

启蒙语言智能，让孩子爱读书

什么是语言智能？

▶维宝（语言智能）

语言智能是指运用言语进行思维、表达以及鉴赏语言深层内涵的能力，也就是人们有效运用口头或书面语言的能力。通常，律师、演说家、作家、诗人和教师都是具有较高语言智能的人。

语言是思维的工具，是情感的出口，也是人与人之间沟通的重要桥梁。我们在倾听与表达之间，建立了与他人的连接，又通过阅读，和不同时空的先贤智者有了心灵的共鸣。

语言智能强的人具有哪些天赋特质？

语言智能强的人在说明一项事物时，能够讲得条理分明、深入浅出，并适时列举恰当的例子，让人一听或一读就懂。他们擅长以言语调动他人的情绪，或说服他人接受自己的观点。

语言智能突出的孩子，擅长通过说话、倾听和阅读来高效学习。他们从小就表现出如下天赋特质：喜欢听故事、猜谜语、讲笑话，能说出大人讲话的要点，而且能恰当回应，能记得听过的故事，可以复述日常身边发生的事等。

如何启蒙语言智能，让孩子爱读书?

一、以诗陶冶情操

诗是中华文化的“魂”，是最能触动孩子思想感情的文学样式。千百年来，诗歌一直是家长给孩子启蒙的首选教材。诗歌不仅可以提高孩子对语言的审美能力，还能激发想象力，培养表达力。

《诗经》的纯真、《楚辞》的绚烂、唐诗的繁盛，那些千百年流传、经久不衰的故事，影响着一代代中华儿女，熏陶着孩子们对文字、文学的审美。周国平先生在《思想的天空》中有一段关于诗的描述，“许多美丽的灵魂在世上昙花一现，留下了诗和艺术的花瓣。只有质朴的东西才能真正打动心灵。浮夸的东西只会扰乱心灵”。

有句话叫“熟读唐诗三百首，不会作诗也会吟”。我家孩子小时候，回雁荡山下的老家，进入村落，看到炊烟升起，他突然背起了《山村咏怀》的诗句。这让我惊喜地发现，即使是幼儿园的孩子，也懂得用诗来表达情境。

二、给孩子创设阅读环境

一个很少读书的人和一个大量阅读的人，对世界的理解和看问题的深度是截然不同的。当阅读量达到一定程度时，就能把所学的内容串联起来，融会贯通，从而站在更高的维度思考问题。家里可以少个衣柜，但不能没有书柜，要从小给孩子创设一个良好的阅读环境。

三、学会“言之有物”

“人每向前一步，都离不开语言开路。”说话如果词不达意，说不到点上，就会影响沟通效果。这正是学生们写作文和阅读理解这两项训练的重要性所在。写作是自我表达，让别人理解；而阅读理解则是准确读懂别人想表达的内容。

引导孩子聆听圣人先贤的声音，读懂别人的弦外之音，告诉孩子：“瞧，语文是多么有意思啊！”

育教法则

让孩子养成用精准而优美的语言表达思想的好习惯。

生活实践

- 和孩子一起背一首诗或读一个孩子喜欢的名人故事。
- 买一个漂亮的笔记本，鼓励孩子有灵感的时候写下来，读到好词好句摘抄下来集成册。
- 高年级的家长应教会孩子利用多种媒体资源学习，并学会使用AI工具，提高学习效率。

启蒙逻辑数学智能，让孩子善思考

什么是逻辑数学智能？

曾经流行这样一句话："学好数理化，走遍天下都不怕。"在科技兴国的当代，数学又一次被提到了空前重要的位置。

洛格（逻辑数学智能）

近期，多所高校宣布，只要高考数学成绩在140分以上，可以提前破格录取。而数学的核心就是逻辑数学智能。

逻辑数学智能是指个体能够计算、量化、思考命题和假设，并进行复杂数学运算的能力，是有效地运用数字和逻辑推理以及科学分析的能力。逻辑数学智能强的人通常在科学、工程、会计和计算机编程等领域表现出色。他们能够通过逻辑推理解决问题，并利用数学工具来分析和解释数据等。

逻辑数学智能被认为是一种核心能力，它不仅是学术成功的关键，也是许多职业领域不可或缺的技能。

逻辑数学智能强的人，有望成为数学家、会计师、统计学家、科学家、电脑程序员或逻辑学家等。

逻辑数学智能强的人具有哪些天赋特质？

逻辑数学智能强的人习惯抽象思考，他们喜欢探索事物的模式、类别和相互关系。这类人会主动、有计划、有秩序地改变环境，试验种种不同的可能性，他们思考并质疑各种自然现象。

逻辑数学智能强的孩子通常表现出如下天赋特质：喜欢和同伴做比较大小、多少，排序等游戏。对数字运算活动感兴趣，对时间概念有清晰的认识，明确时间早晚、先后的关系，喜欢做科学实验，有强烈的探求欲望。

如何启蒙逻辑数学智能，在AI时代脱颖而出？

一、理解数学之用

爱因斯坦曾说过，宇宙最不可理解之处，就是它居然可以被理解。万物的背后都隐藏着一把开启理解之门的钥匙，这把钥匙就是数学。

数学是一切科学的基础，没有数学的进步，人们就不可能进一步地了解世界。在17世纪的西方，人们认为上帝是万物之源，伽利略则认为自然有其内在的规律，受数学法则的支配。在今天，没有任何一条严谨的物理学理论，敢用除了数学语言之外的其他语言进行描述。

二、感受数学之美

数学是一门赋予不同事物以同样名字的艺术。你去观察一个松塔、一片雪花、一朵曼陀罗，它们都是那么规则，仿佛可以无尽延伸。

我们中国古老的智慧中也蕴藏着数字的奥秘，《易经》中的太极生两仪，两仪生四相，四相生八卦，八卦推演出六十四卦。

再比如老子《道德经》中讲，“道生一，一生二，二生三，三生万物”。五行、六感、七音、八识，这些都是数字的体现。

爱因斯坦用公式 $E=MC^2$，展示了物体质量与能量之间的当量关系，这个通常被认为是关于我们生存的这个宇宙最迷人、最深刻的原理的代数公式，仅仅由 5 个符号构成。这是多么神奇的事情！

计算机复杂的运算，也只是由“0”和“1”两个数字排序而成。如果这样描述让你感到有些抽象，那就带孩子看看电视剧《三体》吧。

三、培养数学兴趣

数学是一个抽象的概念，学数学不能操之过急。过早让孩子进行大量运算并不可取，最好的方法是在生活中潜移默化地植入数学游戏，让孩子自然地对数学产生好感。可以让孩子玩一些数学玩具，操作一些科学探究实验和 STEM 编程等。就像运动使身体强壮，数学学习是大脑的体操。让孩子意识到生活与数学的紧密联系，通过生活应用场景告诉孩子数学有多重要。

育教法则

在呵护孩子的学习兴趣和求知欲的基础上，循循善诱，让孩子爱上数学。在生活中寻找事物的规律，并沿着生活的实践建立对世界的认知。

生活实践

- 和孩子玩“石头剪刀布”的游戏。
- 陪孩子看时钟和日历，理解时间概念。
- 给孩子讲数学家的故事，如苏步青、华罗庚、高斯、笛卡尔等。

启蒙空间智能，培养审美能力

什么是空间智能？

空间智能是指个体利用三维空间的方式进行思维的能力，是在脑中构建一个外部空间世界的模式，并能够运用和操作这一模式的能力，也就是准确地感觉视觉空间世界、辨别空间方向，以及用图画表达头脑中想象的概念。

▶贝思（空间智能）

美国教育心理学家霍华德·加德纳认为，空间智能作为一种有悠久历史的智能，很容易在现有的一切人类文化中观察到。这种智能在许多科学领域的发展中起到了重要的促进作用。科学家和发明家在进行科学研究时，常常借助生动、鲜明的形象来解决问题，如德国有机化学家凯库勒发现苯的环状结构就受到扭曲的蛇形象的启发，还有 DNA 双螺旋结构的发现也有类似的灵感来源。在艺术领域，空间思维的重要性显得尤为突出，绘画、雕塑、设计等领域都需要对视觉和空间世界有极高的敏锐度。那些世界美术史上的大师或靠天赋或借助有目的的练习，使自己具有精确的视觉记忆和再现的能力，从而创造了无数伟大的作品。

空间智能强的人具有哪些天赋特质？

空间智能强的人对色彩、线条、形状、形式、空间及其相互关系的敏感性极高，能够将视觉和空间的想法在脑海中立体化地呈现出来，具有在一个空间的矩阵中很快找出方向的能力。例如，向导、雕刻家、画家、建筑师、艺术家、发明家等都有着很强的空间智能。

空间智能强的孩子通常表现出如下天赋特质：他们很清楚家中物品都放在哪里，很会找东西；他们对教室布局的变化很敏感，能最先注意到教室内陈设的变化；他们喜欢玩拼图、爱画画；他们书中的空白处可能填满了他们的作品；他们热衷于设计物品、玩模型；他们喜欢摆弄机器，家里的玩具可能会被他们拆掉。

怎样启蒙空间智能，提升创造力和审美能力？

一、提供丰富的视觉刺激和动手制作的材料

让孩子接触各种绘画工具和材料，鼓励他们进行自由创作。例如，和孩子一起制作手工艺品，如折纸、雕塑等，以发展孩子的视觉艺术能力，增强空间想象力和动手能力。

二、利用科技工具，开展多维空间认知

从生活中的拼图游戏、迷宫挑战，到 3D 打印、虚拟现实（VR）技术，都可以让孩子体验多维空间的探索和创作。同时，用 AI 进行图像和视频的创作等，以激发孩子的空间想象力和创造力。

三、注重审美教育，让孩子感知艺术之美

多带孩子参观博物馆，欣赏不同风格的艺术作品，或者定期组织艺

术欣赏活动，以提升孩子的艺术修养。

教孩子基本的色彩搭配知识，让他们学会在这五彩缤纷的世界里，挑选出适合自己的衣物和装饰。

育教法则

清华大学心理学系主任彭凯平教授在《孩子的品格》一书中提到，审美能力是面向未来的核心竞争力，缺乏审美能力的孩子是没有竞争力的。这不仅在于审美能力可以让我们获得更多展示自我的机会，赢得更多的尊重和关注，更重要的是，一个人只有由衷地喜爱自己、欣赏自己，才有足够的热情和力量去接纳这个世界的美好，拥有一颗善良、坚定而温暖的心。

生活实践

- 给孩子一面墙或一个画板，让孩子随心创作。
- 带孩子去商场，欣赏不同服饰和橱窗陈列。
- 陪孩子去艺术博物馆或自然博物馆，感受艺术的魅力或自然的奇妙。

启蒙音乐智能，启迪情感心智

什么是音乐智能？

▶麦粒（音乐智能）

在日常生活中，音乐智能的表现多种多样：

开心的时候，听到美妙的音乐会让人情绪高涨；

心情不好时，听到伤感的音乐会更加伤感；

挫败失落时，听轻音乐和古典音乐可以很好地抒发情感。

音乐智能是指个体敏锐地感知音调、旋律、节奏和音色等音乐元素的能力，并运用于歌唱、音乐欣赏和创作乐曲中的智能，即察觉、辨别、改变和表达音乐的能力。音乐智能强的人，如歌唱家、音乐爱好者、音乐评论家、作曲家、音乐演奏家等，能深刻理解和适用音乐语言。

正如周国平先生在《思想的天空》里对音乐的描述：“音乐用天国的语言叙说天国的事情，诗用人间的语言叙说天国的事情。诗人痛苦了，因为俗人根据人间的事情来理解人间的语言，总是误解了诗人。音乐家可以免于此患，反正俗人听不懂天国的语言。”这段话深刻揭示了音乐的魅力。

霍华德·加德纳在《智能的结构》一书中将音乐智能放在第二位进行分析，可见他对音乐智能的看重。他认为音乐和语言一样，都有悠久的发展历史，它们可能源于同一种表达媒介——声音。根据加德纳的观点，在个体可能具有的天赋中，音乐天赋是最早出现的。

音乐智能强的人具有哪些天赋特质？

音乐智能强的人通常会不由自主地哼唱曲调，一听到音乐，便会随着音乐一起唱或随着音乐的节奏摆动身体。他们会演奏某种乐器，或是参加了学校的乐队、合唱团，但也有些人并不是以表达的方式，而是以欣赏的方式来体现音乐才能的，他们对乐曲或歌曲的内涵有深刻的理解，能产生共鸣。他们对声音很敏感，有时别人难以察觉的细微声音，他们也可能敏锐地捕捉到。

如何启蒙音乐智能，提升心灵智慧？

一、创造丰富的音乐环境

在家庭中营造一个音乐启蒙的氛围，例如播放各种风格的音乐，像古典音乐、流行音乐等，也可以带孩子参加音乐会或演奏会，让他们现场感受音乐的魅力。

韩国有一个著名的郑氏音乐家庭，他们家的七个孩子中有六个成了音乐家。其中，郑京和是国际级的小提琴家，郑明勋是亚洲数一数二的指挥家。他们的父母却不是音乐家，只因郑爸爸是一位超级音乐爱好者，他喜欢让家中时时刻刻萦绕着音乐。

二、为孩子选一种适合的乐器

对音乐敏感，没有好嗓音的孩子，可以学习乐器演奏。根据孩子的兴趣，选择一种乐器进行学习，如钢琴、吉他、小提琴等。再加以刻意练习，逐步提高演奏技巧。有一位爸爸向我咨询如何为孩子选适合的乐器，我建议他带孩子去剧院听现场交响乐，再回到家看交响乐的影像，聆听交响乐里不同乐器发出的声音，让孩子自己选择最喜欢的声音，或认为最酷的表达方式，然后再带着孩子去乐器行寻找能发出这种声音的乐器，从而精确地找到孩子音乐天赋里的细分领域。

三、培养孩子对音乐的感知力和鉴赏力

摇篮曲轻柔而恬静，歌舞曲欢快而活泼，进行曲则雄壮有力……让孩子从小浸润在美妙的音乐之中。

孔子在齐国时，听了《韶》乐，被深深吸引。孔子认为《韶》乐是尽善尽美的音乐，内容意蕴美好向善，声音优雅动听，以至于三月不知肉味。

这里的“不知肉味”是一种欣赏音乐时所进入的状态，一种沉浸于艺术欣赏中的玄妙感受，又带着孔子对礼乐制度的美好愿景。

育教法则

音乐是唯一在几秒钟内可以改变一个人情绪的艺术。有时候，音乐教育不是目的，而是一种激发生命潜能的方法。去户外聆听大自然的声音，就是一种很好的启蒙。

生活实践

- 陪孩子一起欣赏不同曲风的音乐，给孩子讲音乐家的故事。
- 带孩子去听一场音乐会，让孩子选一种最感兴趣的乐器。
- 鼓励孩子参加与音乐相关的活动或比赛，锻炼他们的表演能力和自信心。

启蒙身体动觉智能，促进身心健康

什么是身体动觉智能？

布迪（身体动觉智能）

身体动觉智能，又称身体运动智能，是指个体善于控制身体运动，善于运用身体动作表达思想和情感，以及运用双手灵巧地操作物体的能力。这项智能包括特殊的身体技巧，如协调、平衡、敏捷、力量、弹性和速度，以及自身感受的触觉和由触觉引发的能力。舞蹈家、运动员、外科医生、手工艺大师等都表现出高度发达的身体动觉智能。

身体动觉智能强的人具有哪些天赋特质？

身体动觉智能强的孩子通常具备以下天赋特质：擅长通过身体感官进行学习，喜欢体育活动，手脚动作协调性好，身体灵活、反应敏捷、平衡性好，擅长舞蹈，也可能喜欢表演和模仿，擅长做手工。他们很会通过手势和身体动作与他人沟通。如果没有机会运用自身的动觉智能，他们可能在课堂上表现出过分好动的行为。

如何养成运动习惯，促进身心健康？

一、通过运动带来掌控感，增加自信

运动能够给我们带来掌控感。当感到压力大时，常常是由于我们觉得失控，有些事自我控制不了了，所以自我评价也开始逐渐变低，对未来的期望也变得悲观。这时候通过运动能产生“我能够掌控”的感觉，这种喜悦和快乐是运动给人带来的独特体验，可以有效提升自信。

二、运动改造大脑，提升学习成绩

在《运动改造大脑》一书中，提到了纳帕维尔高中的案例，这是美国一所普通的高中。这所学校有一位了不起的体育老师叫邓肯，他要求学生每天早上起来的第一件事是跑步，而且每个学生要跑 1600 米。在跑的过程中，他给每个学生一个手环，记录学生的心率和脉搏，考核的指标不是速度，不是耗时，而是平均心率。他要求这些学生的平均心率一定要达到 185 次以上，也就是达到了我们最高心率的 80% 左右。例如，有两个学生是最后冲过终点线的，却得到了全班的最高分。为什么呢？因为他们的平均心率高于其他同学。

纳帕维尔高中不是重点学校，但是他们通过这样的学习准备型体育课，长时间训练以后，学生在国际数学与科学趋势研究（TIMMS）这种全方位、全世界竞争考核中的成绩大幅提高。学生的阅读能力提高了 17%，他们的科学成绩考到了全世界第一名，数学成绩考到了全世界第六名，远远超过整个美国的平均水准。并不是因为他们换了老师，也不是因为用了什么其他奇怪的教学法，唯一的变量是这所高中的体育运动和别的学校不一样，早上起来就用高心率的跑步来唤醒学生。

三、运动能释放压力，促进身心健康

当一个人感到压力大时，常常是由于失控，有些事自己控制不了，所以自我评价降低。运动能够给人带来掌控感，并释放压力，使人体产生多巴胺和内啡肽，从这个层面上讲，运动能缓解抑郁症状。在学校里，运动还能促进团队协作，减少校园暴力，当你感到焦虑、委屈或生气时，试着跳绳 300 下或绕操场跑 3 圈，身体舒展了，气也消散了。

育教法则

运动能激发多巴胺的分泌，让人感觉身心愉悦。有规律的运动可以帮助克服成瘾行为，夺回生活的主动权，让孩子通过运动变得更加自信和自强。

生活实践

- 陪孩子在生活中探寻不同的运动，如跑步、游泳、舞蹈等，培养一项运动兴趣。
- 根据孩子的兴趣和身体状况，制订合理的运动计划，确保每天都有一定的运动时间。
- 通过一些有趣的体育游戏，如跳绳、踢毽子等，让孩子在游戏中进行运动，锻炼身体。

启蒙人际认知智能，构建幸福关系

什么是人际认知智能？

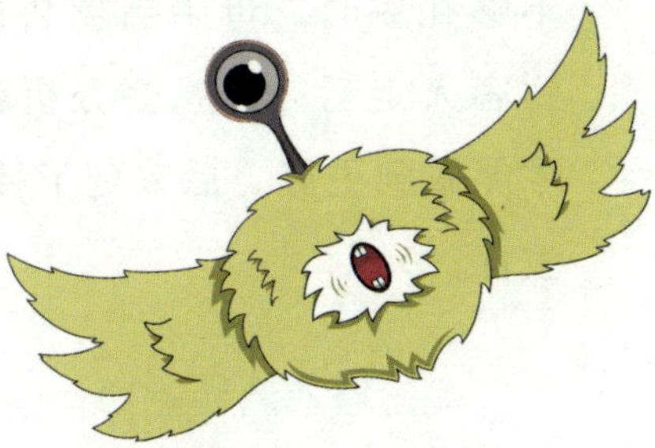

▶嗖嗖（人际认知智能）

人际认知智能是指能够有效地理解别人并与他人交往的能力，是一个人在与他人交往的过程中，察觉并区分他人的情绪、意向、动机及感觉的能力。它涉及对面部表情、声音变化和身体动作的敏感性，以及辨识不同人际关系的暗示以及对这些暗示做出恰当的反应。

人际认知智能通常指个体能够有效地理解和处理人际关系方面的能力。这种智能在领导、管理、教育和心理咨询等领域尤为重要。

人际认知智能强的人具有哪些天赋特质？

人际认知智能强的人通常表现出以下天赋特质：能察言观色、善解人意，与人相处融洽，通常还有很好的组织能力和领导能力。他们很能了解别人的想法和意图，所以容易成为团队的领导和协调人。成功的销售员、政治家、教师和心理医生等都是拥有高度人际认知智能的人。

如何提升人际认知智能，构建幸福人际关系？

一、培养同理心，教孩子待人接物

鼓励孩子与他人分享自己的感受，并学会倾听他人的想法和感受。如果孩子小，缺乏社交场景，可以通过角色扮演游戏，让孩子体验不同的角色和情境，从而增强他们的同理心。

我的母亲几乎不过问我们的学习，但有一样东西她盯得很紧，就是待人接物的礼仪。小时候，如果有客人来家里，兄弟姐妹们回应不够礼貌时，母亲当场会悄悄给我们使个眼色，我们立刻会意。等到客人走后，母亲会分析我们刚刚的言行有哪些不得体，下次怎样才能做到更好。后来到了社会上，我意识到这是母亲给予我最宝贵的教育。

二、增强沟通能力，建立良好的同伴关系

鼓励孩子敢于表达自己的情感与思想，同时，教孩子如何维护和发展友谊，处理和解决人际冲突，让孩子建立良好的人际关系。

发展心理学家皮亚杰等曾提出，儿童在“童年时代有两个世界”，一个是与父母互动的世界，一个是同伴的世界。同伴是儿童社会化的重要动因，与同伴的良好交往是儿童成长的一个重要里程碑，同伴对儿童的发展起着与父母同样重要甚至更重要的作用。

在第二次世界大战中，6 个因战争而失去父母的孤儿在 3 岁时一起住进了孤儿院。在孤儿院里，这 6 个孩子亲如兄弟姐妹，相互依赖、互相帮助，共同成长。有心理学家对成年后的他们进行了调查研究，考察他们是否因为幼年丧失父母、缺乏双亲的抚养而产生心理问题，结果发

现，他们长大后都成了正常且很有成就的人，没有一个身心有缺陷，他们对自己的童年和伙伴怀有深厚的感情。

这个案例也说明了同伴在儿童成长中具有如下作用：

1. 同伴可以满足儿童对归属和爱的需求以及尊重的需求，儿童在同伴集体中被接纳并建立友谊，这个过程能够使儿童产生归属感。
2. 同伴交往为儿童提供了学习如何与他人建立良好关系、保持友谊和解决冲突的机会。
3. 同伴是儿童得到情感支持的一个来源，当儿童面临陌生或恐惧的情景时，同伴（一个好朋友）的存在可以起到与父母同样的作用，即消除紧张和压抑。

三、培养合作精神，提升领导能力

让孩子多参与团队活动，如集体游戏、课外活动等，安排孩子与他人合作完成任务，增强他们的合作意识。同时，鼓励孩子在团队活动中担任领导角色，锻炼他们的领导能力。

育教法则

每个人的成长都是从一个微小的“点”，活成一个饱满的“圆”。人与人相处，就像几何拼图——讲真话是彼此之间建立的一条直线，从心到心；讲假话是一团乱麻，会让关系变得虚伪和扭曲；和睦时，大家是圆与圆的相遇；冲突时，是三角与三角的对抗。

——引自《人际关系几何学》

生活实践

- 为孩子举办一个有主题的聚会，邀请他的好朋友一起参加。
- 陪孩子读一读《洛克菲勒写给儿子的38封信》。
- 教孩子人际交往的基本原则：诚信守时。

启蒙自我认知智能，增强自律自信

什么是自我认知智能?

▶伊娜（自我认知智能）

自我认知智能是指个体理解和认识自己的能力，这一概念由霍华德·加德纳教授在其多元智能理论中提出。他认为，人格发展有两个方向，一个是人内在方面的发展，另一个是转向外部、转向其他个体的发展，向内在方向发展的就是自我认知智能，而转向外部的就是人际认知智能。

自我认知智能是指关于构建正确自我知觉的能力，并善于用这种认知来规划和引导自己人生的能力，或者说有自知之明，并据此做出合适行为的能力。这项智能包括对自己各方面的了解，例如自己的长处和短处，意识到自己的内在情绪、意向、动机、脾气和需求，以及自律、自尊、自控的能力。

自我认知智能强的人具有哪些天赋特质?

自我认知智能强的人通常具有以下天赋特质：能深入探索自己的内心世界，辨识自己的心理状态，理解自己的内在情感，并根据对自我的了解来调整自己的行为。

自我认知智能强的儿童通常个性鲜明，他们往往不太喜欢参与群体活动，喜欢自己独处。他们喜欢通过写日记的方式表达自己内心的秘密，他们一般都有明确的目标，并为自己的目标而努力。

如何提升自我认知，增强孩子的自信心？

一、让孩子从小了解自己身心的三大需求

1. 自主需求。

当孩子感到口渴时，他们可以自行喝水；当感到困了，可以自行休息；当感到生气时，可以在小帐篷里独处一会儿。这会让孩子从小非常清楚自己的生理和心理需求。

2. 胜任需求。

蒙氏教育把孩子日常的游戏称为“工作”。无论是擦桌子，还是角色扮演，都是在完成一项工作。孩子可以任意在教室里找到自己喜欢并力所能及的事情来做，这能极大程度地满足孩子的胜任需求。

3. 归属需求。

孩子每迈出新的一步，都需要有一个重新建立安全参照点的过程。允许孩子刚到一个新环境时，带一件依恋物是一个很好的方法。幼儿园或托育园里，老师可以鼓励孩子在刚入园时，带上一个依恋物作为安全参照点，这有利于孩子克服对新环境的焦虑。

二、在生活中为孩子建立独立、完整的自尊体系

1. 再小的家都要给孩子提供一个独立的空间、玩的空间，哪怕是一个小帐篷。

孩子内心有一个需求，就是希望自己有一个可以钻、爬、躲的空间，可以是一张上下铺的床，或者是一个帐篷，给孩子独立专属的领地可以促进孩子自我认知智能的发展。

2. 不管孩子多小，尽量避免当面议论他们。

经常有家长当着别人的面评论自己的孩子："我家宝宝有点害羞"或"我家宝宝不喜欢吃青菜"。这些议论容易对孩子产生负面的心理暗示，强化问题。

3. 当别人询问有关孩子的问题时，如："你家孩子喜欢哪些科目？"家长不要直接回答，可以说："这个问题我们请宝贝自己来回答！"

三、基于自我认知智能，培养孩子的六大能力

基于自我认知智能，培养孩子的六大能力，即内驱力、自我反省能力、情绪管理能力、自我激励能力、时间管理能力和解决问题的能力。对自己有一个稳定的认识，进而正确地自我评价，是人格健全和心理健康的核心要素。学习知识不只是为了增长见识，更是为了了解自己。

育教法则

希腊圣城德尔菲神庙（太阳神阿波罗的神庙）入口刻有著名箴言“认识你自己”。这句被视为神谕的箴言，规劝世人，认识自己真正的价值。

生活实践

- 做顾问型父母，把生活中绝大部分事情的决定权交给孩子。
- 通过欣赏、鼓励、赞美，帮孩子塑造一个有动力的大脑。
- 在孩子经历某些事情的当下，及时确认他们的情感，并对其行为做出反馈，如：在表扬孩子的时候，告诉他为什么值得表扬。

启蒙自然观察智能，感受万物之美

什么是自然观察智能？

▶奈奇（自然观察智能）

自然观察智能是指个体观察自然界中事物的各种形态，对物体进行辨认和分类，能够洞察自然或人造系统的能力。自然观察智能也被称为博物学家智能，是一个人能够辨识植物，对自然万物（包括人造物品）进行分门别类，并能运用这些能力进行各种生产活动。

加德纳认为，发展人的自然观察智能并不一定局限于自然界，因为自然观察智能的本质是人对周围世界，包括自然和人文的观察、反映、联结、综合和条理化的能力。

自然观察智能强的人具有哪些天赋特质？

自然观察智能强的人通常表现出以下天赋特质：热爱大自然，有保护环境和动植物的意识和行动；从小喜欢饲养小动物，喜欢辨别植物的种类，喜欢收集树叶、石头、蝴蝶标本等；对四季的变化、风雨雷电等自然现象有浓厚的兴趣和探求的欲望；善于观察事物，比其他孩子更容易捕捉事物细节的变化。

如何启蒙自然观察智能？

一、感受万物之美，提升心灵智慧

父母不会一直陪着孩子，但日月星辰、晨曦晚霞会，所以在孩子小的时候，多陪伴孩子去大自然中。当父母爱的气息与山川河流、花草树木融合成养育孩子生命成长的土壤，孩子便能从自然万物中汲取营养，感受万物之美，这是美好心性的发端。当然，也可以经常带孩子到自然博物馆去感受，在家里营造有动物或植物的美好环境。

二、敬畏规律界限，懂得安全常识

古人教我们尊重自然规律，日出而作，日落而息，这是一种时间上的界限。

父母教我们沟通时要怎样说话不冒犯他人，是一种心理上的界限。孔子入太庙，每事问，是礼也。孔子做到了“入乡问俗”，就是一个尊重界限的好榜样。

我们生活在一个与自然、社会和他人交融的世界里，要尊重有形和无形的界限，既做到保护自己，又尊重他人和自然规律，这是我们从小要教会孩子的生存之道。

为了方便记忆，我们把关乎孩子生命安全教育的方方面面，总结成“天、地、水、火、器、界”六个方面。

天：教育孩子注意天气和自然变化带来的环境变化，例如，雷雨天不要站在大树底下，台风前后要注意路边的广告牌，雨天积水不要走看不清的路等。

地：教会孩子在看到禁止攀爬和翻越的标识时，一定不能越界。在海外遇到"Don't Enter"标识，千万不能再向前，以避免不必要的危险。

水：哪怕会游泳，也要让孩子对水的危险因素有充分认知。去泳池先了解水深，不轻易在野外水域游泳，学游泳的同时要学踏水，可以在紧急状况下让自己立于水面快速看清方向。

火：家里尽量不要使用明火，教会孩子使用灭火器。在户外野炊结束后，要妥善处理火源，确认不会引起火灾，才可以离开。

器：教会孩子正确使用各种工具，如手机、电视、充电器、刀具等。有些人从不让孩子触碰刀具，正确的做法是教他如何安全地使用。

界：无论是有形的界还是无形的界，都要教孩子重视。避免因不尊重界限而导致的危险和冲突。

三、呵护孩子的性灵，培育美好心灵

陪孩子读一些与自然有关的诗歌，让他们感受天地人文之大美，从而培育美好的心灵。例如，泰戈尔的《飞鸟集》中有很多优美的诗都与自然有关，是跃然纸上的天地人文之美。

育教法则

孩子一路成长，老师不停在换，唯有父母会持续陪伴孩子的每个重要阶段。为孩子选择合适的兴趣班，找到有效的学习方法，探索天赋成长的路径，家长们可以思考以下三个问题：

1. 觉察孩子有哪些未知的天赋。

2. 观察孩子平时最爱玩什么，从中发现他们的兴趣所在。

3. 孩子在遇到困难时习惯用什么方法解决问题，这有助于了解他们的思维方式和能力倾向。

生活实践

- 带孩子参加户外活动，如野餐、露营、远足等，让他们亲近自然，增加观察自然的机会。
- 和孩子一起进行一些简单的自然实验，如观察植物的生长过程、制作昆虫标本等，激发他们的好奇心和探究欲。
- 为孩子提供自然科学方面的书和杂志，如《国家地理》《自然探索》等，以拓宽他们的知识面。

本章结语

我想用美国特斯拉创始人埃隆·马斯克的一段话来结束本章。

> 我们尽最大的努力确保每个人的孩子都有一个美好的未来，而且未来是可以期待的，而不是感到悲伤的。你知道，我爱人类，我认为我们应该为人类的美好未来而奋斗，我们应该对未来保持乐观，并努力让这种乐观的未来成为现实。

——埃隆·马斯克

第二章

发掘天赋的时间与契机

人生在三餐四季里循环往复，

大部分人甘于平凡，享受平凡。

平凡很美，但卓越很酷。

我们渴望生命成长卓尔不凡，

在关键的时间里发现孩子的天赋，

也在对的时机里发掘自己的天赋。

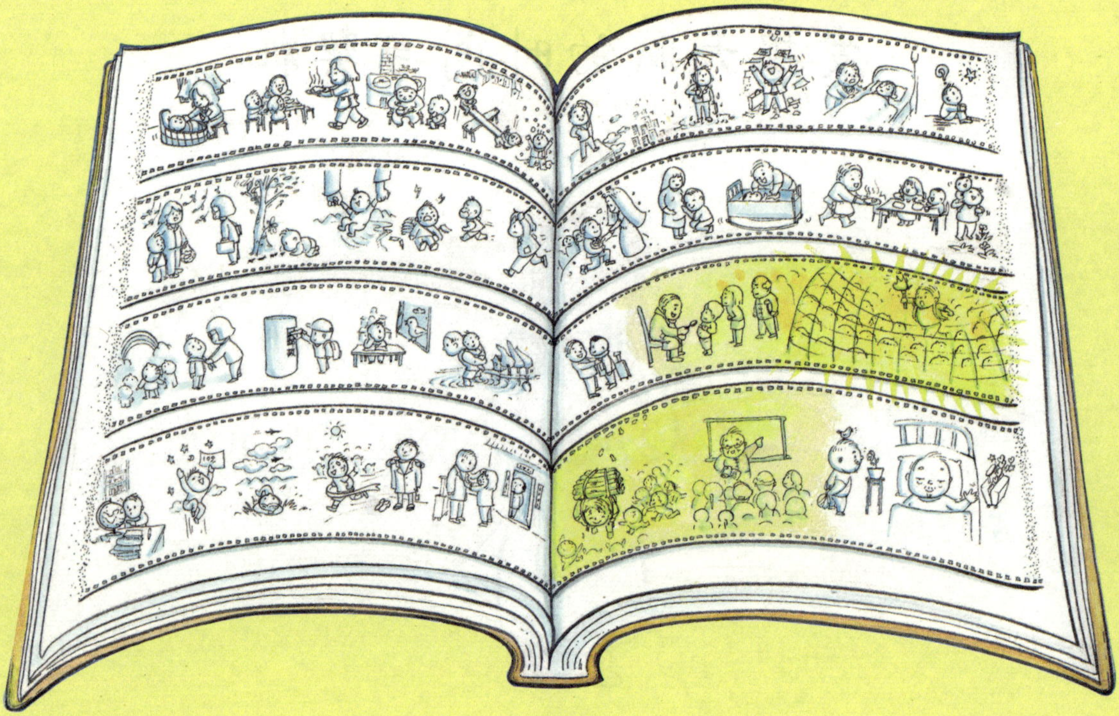

时间与成长——在对的时间里做对的事

生命的线性时间和循环时间

成长是一条单行线，一个孩子从1岁成长到18岁，经历的是一个递增且不可逆的过程，这是线性的时间流逝。而每年的春、夏、秋、冬，以及二十四节气的循环，则是周期性的时间循环。我们在线性时间里遵循成长的规律，在循环时间里探寻生命的节奏。

在生命成长的时间更迭里，每个阶段都有不同的核心课题。我们就以“埃里克森的织毯”来看人生各个阶段的矛盾和冲突。

在美国芝加哥有一所被喻为“幼教小哈佛”的埃里克森研究院，是著名心理学家埃里克森创办的。在2016～2019年间，我们的天赋学苑和埃里克森研究院合作开展“硕士水平的天赋教育认证”项目。每位学生和老师到了这儿，都会去学校图书馆后面走道里的“织毯”处打卡。这幅织毯是埃里克森人格理论的精髓，描绘了人类在不同的生命周期所经历的不同心理和社会挑战，强调了人的自我意识的发展贯穿一生，并把自我意识的形成和发展过程划分为八个阶段，从婴儿期到老年期（成熟期），涵盖了人的一生。

埃里克森的织毯

八个阶段的每一个阶段都由敌对冲突或两极对立的矛盾所构成，当矛盾与冲突未解决，便会形成一种危机。当这些矛盾、冲突解决了，将会增强自我的力量，形成某种良好的品格，从而使人格得到健全的发展，有利于适应社会生活。埃里克森人格发展理论的八个发展阶段如下。

1. **婴儿期（0 ~ 1.5 岁）**：基本信任和不信任的心理冲突。此阶段的目标是培养信任感，婴儿需要得到良好的照顾与爱护，以建立对周围世界及他人的信任。

2. **幼儿期（1.5 ~ 3 岁）**：自主与害羞（或怀疑）的冲突。幼儿开始学会独立处理事情，如穿衣、吃饭等，需要培养自主性。父母应鼓励其自主行为，避免过度保护或批评。

3. **学龄前期（3 ~ 6 岁）**：主动与内疚的冲突。儿童开始表现出主动性和好奇心，需要得到成人的支持和鼓励，以培养其主动性和创造力。

4. **学龄期（6 ~ 12 岁）**：勤奋与自卑的冲突。儿童开始学习各种知识和技能，需要培养勤奋和努力的品质，以克服自卑感。

5. **青春期（12 ~ 18 岁）**：自我同一性和角色混乱的冲突。青少年开始探索自我身份和价值观，需要形成稳定的自我认同。

6. **成年早期（18 ~ 40 岁）**：亲密与孤独的冲突。年轻人开始寻求与他人建立亲密关系，以避免孤独感。

7. **成年期（40 ~ 65 岁）**：生育与自我专注的冲突。成年人开始关注家庭和后代的培养，同时也需要保持个人的发展和自我实现。

8. **成熟期（65 岁以上）**：自我调整与绝望期的冲突。老年人需要调整自我以适应身体和社会的变化，避免陷入绝望和无助的情绪。

该理论不仅为理解人的心理社会发展提供了框架，也为不同年龄段的教育提供了理论依据，帮助父母更好地理解孩子的成长需求，制订适合其成长阶段的教育计划。此外，该理论还具有跨文化和社会背景的普适性，有助于人们更好地理解不同文化和社会环境对人类成长和发展的影响。

为什么教育要遵循时间的规律？

通过埃里克森的人格发展理论，我们看到养育孩子大道至简，要向农民学习，遵循“春生，夏长，秋收，冬藏”的古老智慧。

教育就像耕种一样，有其自然的时间规律。孩子的成长和天赋的发掘，也需要遵循这种自然规律。在不同的年龄阶段，孩子的思维认知、情感发展和身体发育都会经历特定的变化。父母和教育者需要了解这些变化，才能在适当的时间提供更好的支持和引导。

有很多不顾孩子身心健康而“抢跑”的家长，孩子上幼儿园就急着让他学小学的课程，在小学又急着学初中的内容。这种揠苗助长的做法很可能会导致孩子厌学，甚至辍学。

尊重孩子的身心发展规律，教育一定要在孩子厌倦之前结束。

父母在成长关键期要怎样陪伴孩子？

接下来，我们以父母最容易理解的四个阶段来表述孩子成长的关键期和陪伴的核心要点。

1. （0～3岁）：**建立安全感。**

一个宝宝，自从他/她的啼哭能召唤来大人忙前忙后的照顾，他/她的自信心便产生了。此时也是孩子大脑发育的高峰期，是安全感建立的重要时期，父母要积极主动地和孩子互动，对孩子的需求和问题，包括哭泣，都要给予积极的回应，这有助于建立孩子人生最初的安全感和自信心。

2. （3～6岁）：**养成好习惯。**

古人说，三岁看大，七岁看老。3～6岁是一个孩子习惯养成的重要阶段，一个孩子的饮食起居、待人接物、性格底色、爱好审美都会在这个阶段形成。

3. （6～12岁）：**立志与梦想。**

此时孩子进入学校，开始系统地学习，这是培养良好的学习习惯的关键时期。呵护一个孩子的学习兴趣，远比分数更重要。鼓励孩子多参与集体活动，培养合作和竞争意识，并在孩子面临挑战和困难时，给予他们情感上的支持和鼓励。尊重孩子的兴趣和选择，为孩子树立榜样，在孩子心田里种下梦想的种子，因为人生所学永远超不过志向。

4.（12 ~ 18 岁）：人格的完善。

如何为孩子建立独立而完整的自尊体系是这个阶段的重要任务。这个阶段的孩子开始进入青春期，这个阶段也是自我认知和价值观形成的重要时期。孩子情绪波动较大，独立性增强。这个阶段也是重要的学术转化期，孩子的认知升级，类比推理能力达到巅峰水平，拥有极强的创新能力，要创造条件给予青少年展现天赋与才华的实践机会和平台。这个阶段的孩子学业压力大，父母要时刻保持耐心，关注孩子的情绪与心理，培养孩子的独立能力与责任意识。父母如果能与孩子建立“伙伴搭子”的关系，有助于增进亲子关系，让孩子更愿意与父母分享他们的感受和想法。

育教法则

时间是天赋的雕刻师，从胎儿期的神经奠基到成长的天赋觉醒，每个阶段都蕴藏着独特的天赋发掘的契机。在时间的线性流动中，父母可以成为孩子天赋启蒙的导师，成为发现孩子天赋的伯乐。

生活实践

- 懂比爱更重要：了解孩子所处年龄阶段的特点，并以关键期的关键陪伴引领孩子成长。
- 身教大于言传：在孩子面前尽量做到知行合一，为孩子树立榜样，或为孩子找到榜样。
- 家长也要爱自己：了解自己所处的年龄阶段的心理特征，让自己多处于平和的心境下。

天赋启蒙期，播下天赋的种子

什么是天赋启蒙期？

在天赋教育体系里，我们把人的天赋发展分为六个阶段。

0 ~ 3 岁的天赋启蒙期，这个阶段的孩子具有极强的吸收性心智，我们要重点关注孩子的养育环境。

3 ~ 6 岁的天赋发现期，这个阶段的要点是，结合家长观察测评、自主游戏情境测评和老师随堂记录的孩子表现，在培育中发现孩子的天赋。

6 ~ 18 岁的天赋培育期，以梦想为引领，树立远大的志向，以天赋为本，让天赋特长与文化课相辅相成。

18 ~ 30 岁的关键择业期，选对专业和职业，入对行，做自己热爱的事。

30 ~ 50 岁的天赋创造期，万念归一，聚焦优势，实现自己的人生价值。

50 岁以上的安居乐业期，要发挥晶体智力[1]的作用，安于天赋去创造。

这一节我们重点讲述 0 ~ 3 岁的天赋启蒙期。天赋启蒙期是指家长和养育者在婴幼儿身心发展的关键时期，通过主动创设一个充满爱和有准备的环境，帮助宝宝在探索中激发好奇心，并在未来的学习和生活中对语言、运动、社交等各个领域产生兴趣。

“三岁看大，七岁看老”这句古语有着科学的依据。婴儿“不以目

1 晶体智力是后天积累的知识和经验，会持续增长。

求乳，不以耳向明，不以手操物，不以足求行”，刚生下来的婴儿无须指引便会寻找母乳。简单来说，婴儿的全身都是功能性的，这就是一种天赋。

脑科学研究证明，0 ~ 3 岁是孩子大脑发育的高峰期，3 岁左右孩子的脑量能达到成人的 70%。在这个阶段，孩子学习能力极强，具有“吸收性心智”，并处于无意识吸收性心智的状态。你可以理解为一种不加分辨全吸收的云上传模式。外界的信息如同一张张“原片”会储存在潜意识里，成为一个人生命底色的重要部分。

怎样在启蒙期为孩子的天赋播下种子？

种子的力量之伟大，源于内在，而孩子的潜能之无穷，源于天赋。天赋启蒙是在呵护中启发、在关爱中滋养的过程，在于发现、唤醒和激活，为孩子未来的成长播下优良的种子，为孩子人生良好的开端奠定重要的基础。

要想走进孩子的世界，你得先把自己变小。

我常说“父母是孩子的天赋启蒙导师”，在天赋启蒙期，孩子的兴趣和能力初步显现，及时发现并加以启蒙培养，可以帮助宝宝在成长过程中发展出原生兴趣，保持对学习和探索的热情，增强自信心和成就感。这就是为什么“天赋启蒙，影响一生”。

我们去美国游学的时候，每年都会去 3 所以上的博物馆，我们注意到一个现象，很多家长会推着婴儿车逛博物馆。我想，这些父母是充分懂得儿童身心发展规律的人。因为在天赋启蒙期，孩子感受、接触的东西，会在孩子的心田里播下种子，从而形成“优质的敏感记忆”，以后碰到相应的场景，孩子会有一种似曾相识的感觉，此时如同种子遇到阳光雨露，会开始发芽，会生长出原生兴趣。这就是为什么有些孩子看到什么都想学，并一学就通，而有些孩子则对新事物缺乏兴趣。表面上孩子们的差距是上了小学之后慢慢拉开的，其实，孩子 3 岁以前的教养方式，在很大程度上影响了孩子的认知能力和性格底色。

抱着睡

如何在天赋启蒙期为孩子创设良好的环境?

天赋既有先天生理因素，也受后天环境的影响，任何天赋的发展都离不开环境的启蒙和培育。孟母三迁，培养出“亚圣”孟子，这是每个中国人耳熟能详的家庭教育故事。研究表明，在生命的早期阶段，环境对孩子的成长和发展至关重要，不仅大脑发育速度最快，这一时期的教育环境也会影响孩子的认知、情感、社交和身体发育。

育教法则

0～3岁的孩子需要一个稳定的养育者，不要经常换人，以免破坏孩子的安全感。

生活实践

- 营造良好的家庭环境，给孩子充分的安全感。
- 带孩子去体验不同的智力开发和天赋启蒙的场景。
- 给孩子选玩具时，要选不同的智力开发玩具。

天赋发现期，为孩子选对兴趣班

什么是天赋发现期？

天赋发现期是指孩子在成长过程中，通过不断的探索和实践，逐渐发现自己真正热爱的领域和天赋所在的阶段。这一阶段的初期是 3 ~ 6 岁，例如，在幼儿园的游戏课里，只要父母和老师注意观察，就能发现每个孩子擅长什么，但通常而言，小学到初中时期是孩子兴趣和能力逐渐明朗的关键时期。

"妈妈坐好了，宇宙飞船要开动了！"

为什么要尽早发现孩子的天赋？

尽早发现孩子的天赋，可以更好地培养兴趣。很多在某一领域成就卓越的人，都是从幼儿阶段开始培养兴趣的。例如，郎朗 3 岁就开始学琴，谷爱凌 3 岁开始跟着母亲去滑雪场。类似音乐、舞蹈、运动等，童子功非常重要。

尽早发现孩子的天赋，可以缓解父母的育儿焦虑，不会盲目跟从报过多的兴趣班，而浪费孩子的时间和父母的金钱。同时，这也有助于孩子找到初步的兴趣发展方向，从而在孩子进入小学阶段，能够为孩子保持一份核心的兴趣，达到兴趣和学业的平衡。

早期的天赋发现和培养，还可以增强孩子的自信心和成就感，让他们在学习和生活中更加积极主动。对孩子的培养，我们的传统方法是采用尝试性、模式化的培养方式。在日常生活和学习中，通过不断尝试来发现孩子的培养方向，一旦发现方向不对，马上调整到另一个方向。这种方式不仅浪费了孩子的宝贵时间，而且最大的损失就是错过了孩子天赋的最佳培养时期。

婴幼儿时期是一个人身心健康、习惯养成、智力发展的重要阶段，遵循孩子身心发展规律，在早期启蒙各项智能，同时在与环境的互动中深化，在培育中了解每个孩子不同的智能结构，并发现孩子的优势智能和天赋。优势智能在婴幼儿身上体现出以下三个特点。

第一，优势智能是持续发展的。在婴幼儿时期显现的优势智能伴随着成长不会停留在一种状态，随着问题的解决和日常生活中不断应用，此项优势智能也能够逐渐发展，成为孩子独特的天赋。

第二， 优势智能是可变化的。在婴幼儿时期，有些暂未显现的智能不一定始终是非优势智能。在成长过程中，其他暂时看上去的非优势智能通过练习和应用，有可能在某一特定时期逐渐显现，成为优势智能。

第三， 因“势”利导才能更好地“顺强补弱”。从优势智能入手，往往能更好地帮助婴幼儿建立自信心，带动其他各项智能全面发展，为未来的学习成长找到最佳入口和方法。

父母在孩子的天赋发现期要做对哪些事？

任何天赋的发展都离不开教育环境的支持。郎朗因父亲发现他的音乐天赋并给予全力培养和支持，最终成为著名钢琴家。如果贝多芬从小就被送去美术班，如果让毕加索去学跳舞，让舞蹈家杨丽萍去学数学……这些听上去不可思议的假设，其实每天都发生在我们身边。一个孩子从小上那么多兴趣班，可到了高考后填志愿时还不清晰自己要填的专业。我们不禁想起苏格拉底的一句话——“教育就是把人的内心引导出来，成为他自己的样子”。一对照，我们就会发现，教育不等于分数，分数之外才是更大的学问。

如果一个孩子在某方面有天赋，而没有适合培养天赋的教育环境，那这份天赋将不会得到有效开发，最终表现平常。那父母具体要怎么做呢？

1. 鼓励多样化的尝试：让孩子参与各种活动，如音乐、舞蹈、绘画、体育、机器人、编程等，帮助他们发现自己的兴趣和天赋。

2. 尊重孩子的选择和兴趣：不强迫他们从事自己不喜欢的活动，给他们足够的时间和空间去探索，让孩子在自主选择中找到真正热爱的领域。

3. 提供丰富的环境和体验机会：为孩子感兴趣的活动提供资源和工具，如书籍、设备、培训班、专业指导等，鼓励孩子参加演出、比赛和作品展示，帮助他们进一步发展自己的兴趣。

育教法则

3～6 岁是一个孩子核心性格养成的重要阶段，父母应学会放手，让孩子自己做，父母要在生活中观察并发现孩子的天赋。

生活实践

- 营造一个允许孩子犯错的心理环境。
- 找出孩子身上的优点并告诉他们。
- 在孩子做对事情时，及时给予表扬。

天赋培育期，在培育中发掘孩子的天赋

什么是天赋培育期？

天赋培育期是指孩子在发现自己的天赋之后，通过系统的训练和实践，不断提升自己的能力和水平的阶段。这一阶段通常贯穿孩子的小学、中学，甚至是大学时期，是天赋发展和能力提升的关键时期。

为什么天赋培育期要给兴趣班做减法？

在天赋培育期，孩子的学习和生活压力增大，他们的时间和精力有限。如果给孩子报太多的兴趣班，不仅会增加孩子的负担，还可能导致他们无法专注于某一领域。因此，父母需要为孩子的兴趣班做减法，在学好基础学科的同时，集中精力培养一项天赋特长。

父母在孩子的天赋培育期要做哪些关键支持？

1. 扬长避短，找到孩子的兴趣特长：在兴趣特长的培养上，做到扬长避短，集中精力把一个核心天赋培育好，不要学很多，却每样都不精，因为当兴趣特长练到能去参赛，拿到市级、省级，甚至国家级的奖项时，才能以兴趣特长助力关键升学。

2. 顺强补弱，优化孩子的学习方法：在学科学习上顺强补弱，将优势学科的学习经验迁移，从而促进其他学科获得全面方展。

3. 情绪减压：为孩子找到适合自己的减压方式。成年人通常都有自己的减压方式，如跑步、健身、看电影、社交等，但很多孩子在成长的过程中无法表达自己的情绪，从而看上去叛逆、爱发脾气。

在天赋里，不仅可以发掘孩子的兴趣特长，同时还隐藏着疏解情绪与减压的通道。如果能精准觉察特长，就可以找到适合自身的减压方式，从而让孩子身心更加健康。

育教法则

智慧的父母懂得呵护孩子的天赋，在引导孩子成长的过程中，关注孩子真正热爱的事物，并给孩子创造环境和平台，让孩子发挥天赋，尽情探索，这会极大地唤醒孩子对生命的热爱和学习的内驱力。

生活实践

- 给兴趣班做减法，选出一个孩子最喜欢的兴趣特长，并做好刻意练习的计划。
- 在孩子学习的过程中，观察哪个科目他更容易学，其方法是否可以迁移到其他学科。
- 让孩子探索自己的减压方式，当他们压力大或情绪低落的时候，做什么可以让心情变好。

天赋择业期，深耕擅长和热爱的领域

什么是天赋择业期？

十八成年，三十而立，在人生最关键的 12 年，每个人都要完成两大重要的选择：一是选择适合自己的专业，二是选择适合自己的职业，让所学的专业能成就未来的职业。当擅长、热爱，所学、所做都在一条线上的时候，成长便会少走很多弯路，成功也能更加直接，能更好地做到知行合一，发挥天赋。

为什么要顺应天赋选专业？

第一个是个人原因。我们要以此了解自己，我是谁——我的天赋是什么，我从哪里来——什么是我天生擅长并热爱的，我要去向哪里——什么是我可以为之奉献一生的事业？

第二个是社会原因。我们必须去发掘自己被深埋的天赋，顺应天赋，做自己擅长的事情，有天赋，能主动自学，在探索的过程中我们开始变得更加热爱，喜欢上自己的工作，从而让工作更快乐、让生活更幸福。

第三个是经济原因。当你可以发挥天赋，更高效、更出色地做好一件事时，你在工作岗位上便有了更强的竞争力，从而会让你受益。

社会上存在一种现象，就是父母以自己的经验替孩子选择专业，甚至有些父母不顾孩子的想法，偷偷地替孩子改志愿，这样的结果往往是，父母被孩子埋怨一辈子，因为只要孩子过得有些不如意，都会觉得是父母造成的。我们知道，人生不论怎么选择，任何一条路都会有风景，也有坎坷，区别在于是孩子自己选的，他会想办法去克服困难，是父母强迫他选的，孩子轻则抱怨，重则放弃努力。

那填志愿、选专业这么重要的事情，到底是听孩子的，还是听父母的？答案是，让孩子充分了解自己的天赋，在对未来职业有初步认知之后，让孩子自己做出选择，因为孩子的人生，他理应有决定权。如果你担心孩子还小，对职业认知不够，那就要提前让孩子多接受职业相关的体验。我们曾经带着青少年玩“天赋树”职业探索的游戏，令人感到惊喜的是，最小年龄的孩子才 8 岁，就能清晰、完整地规划出自己未来的职业梦想蓝图。所以，对于初中生、高中生，父母不要倚老卖老，而是要把决定权安心地交给孩子。让孩子学会在面对人生重大的抉择时，在数据支持的基础上，能跟随自己的心走，做出对自己未来人生负责的决定。

怎样让天赋和职业合一？

在你做一件事情的时候，不妨先问自己两个问题：一是如果没有经济收益，你是否还愿意去干？二是如果有一天，你财富自由了，你最想干的事情是什么？

每个人身上或多或少都会有着时代和文化的印记，大部分“70后”“80后”会为了责任、谋生而工作，而“90后”“00后”则更多的会为兴趣、热爱而工作。这个趋势在新生代身上会越来越明显。这就是为什么一定要让孩子顺应自己的天赋和热爱，选择适合自己的专业和职业，只有这样，年轻人才能在工作中找到更多的乐趣和成就感，才有可能成为终身学习者。

育教法则

关于孩子人生的重要决策，一定要让孩子充分参与论证选择，并且把最终的选择权交给孩子。

生活实践

- 陪孩子一起做一次职业探索的游戏。
- 给孩子参与社会实践或实习的机会。
- 让孩子做一份人生职业规划梦想图。

天赋创造期，持续迭代成为终身学习者

什么是天赋创造期？

我们把一个人从 30 岁到 50 岁这 20 年定义为天赋创造期，这个阶段是一个人创造力最强的时期。古人云，“三十而立，四十不惑，五十而知天命”。虽然人的寿命在延长，但信息和科技快速更迭的时代，更要珍视富有影响力的黄金时间，一定要集中精力干成一件事。天赋创造期通常是指一个人在职业生涯中，通过不断的创新和创造，发挥自己的天赋和潜力，实现个人和职业发展的高峰期。

人生会碰到很多诱惑，尤其是在一个人风华正茂的时候。一个人的

那些逆向而来的风，是在训练你的岿然不动。

才华、能力和诱惑成正比，很多优秀的人不成功，不是因为不努力，恰恰是因为机会太多，无法聚焦，最终一事无成。

我在三十多岁时有过这样一段经历。在事业稍有上升时就开始多元化扩张，在做天赋教育的同时，投资玩具、游乐园、幼儿园、托育园、机器人、蜂业养殖，甚至投资过环保涂料。结果在经济下行的周期里，猛然发现，成功会掩盖你所有的错误，错误会暴露你所有的缺陷。你会发现，那些盲目扩张并没有带给你财富上的收益，反而要收拾好每一个摊子的事。在刘德华的歌《悟》中有一句歌词，“多一物，却添了太多危险，少一物，贪嗔痴会少一点”。当我决心退出教育以外的所有项目时，也在本子上写下：挫折是礼物，让你透过喧嚣看见自己的天赋。

很多人并不了解自己的核心优势是什么，真正擅长和热爱的事情是什么，只是忙于抓机会，结果靠运气挣来的钱又凭实力亏掉。

当然，还有些人凭着祖辈留下的财富或某个机会挣来的钱，似乎可以躺赢人生，却很不快乐。即使不需要再为挣钱而努力的人，依然要用自己的天赋去创造价值，这是幸福的本源。如果一个人活着的目标只用金钱这一个维度来衡量，就会略显无趣。正如王尔德所说：人生有两大悲剧，第一个是得不到你想要的，第二个是得到了。

如何在天赋创造期实现自己的人生价值？

要想实现自己的价值，就要潜心做事，而做任何事，挫折在所难免。

在一场挫败中，人容易损耗心力和自尊。我的经验是不要停下来做过度的自我反省，要多参与能提高认知的交际，以更快的速度投入具体的行动中。高手和普通人的区别，就是面对挫折时恢复的速度，用多长时间去消化悲喜，哪怕命运把你打入人生的低谷，在谷底醒来的那一刻也可能是人生的光辉时刻。不要纠缠过去的人和事，因为过去不需要你，未来需要你。试着照顾好当下生命中重要的人和关系，在面对寒冬时，要在冬天的时候讲春天的故事，激励自己，也给团队信心。

我以前也很敏感脆弱，很在乎别人的看法，随着不断磨炼，我开始解离、祛魅，学会在困境中破局。我发现一个人越行动经验越丰富，盲区越少，决策速度就越快。近两年，与我共事的伙伴们都会表达与我合作很愉快，如沐春风，这是时间磨砺和事上践行的结果。

育教法则

每个人都有心灵之花可以绽放的点，如果你找到了，恭喜你将获得幸福。如果你没找到，也无须担忧，这就是天赋的原点。

生活实践

- 从生活、工作、情感等方面，给自己制订一个 20 年计划，致力于长期主义。
- 学会拒绝诱惑，警惕机会主义成为你浪费时间的陷阱。
- 问自己：我想成为什么样的人？怎样才能成为这样的人？

安居乐业期，安于天赋去创造

什么是安居乐业期？

安居乐业期是指一个人职业生涯的中后期，通常我们把 50 岁以后的时间视为这一阶段。古人说五十而知天命，年轻时会有太多心有不甘的尝试，有发力过猛的奋斗，而到了知天命之年，会非常清楚自己的人生要什么，不会再做那些多余的动作，从而显得更加睿智、淡定。此时的工作和生活趋于稳定，是实现职业成就感的阶段，也是享受生活和回馈社会的时期。

不安身立命会有哪些风险？

我们见过很多年龄很大了还想干一番全新事业的人，但由于精力、体能和认知都有可能与年轻时不同，结果往往是“身陷泥淖，晚钱不保”。这个阶段明智的选择是从需要一直更迭学习的流体智力[1]的工作，转向靠分享经验的晶体智力的工作。何谓经验？就是你年轻时做的事沉淀的智慧。所以，50 岁可以被视为一个人生的分水岭，50 岁以后要“三分精力”。

1　流体智力是先天的快速推理和解决新问题的能力，会随年龄增长而下降。

医疗科技进步了，人的寿命也在不断延长，中国当下很多城市的女性职工退休年龄是50岁，这时对于大部分人来说，还是很年轻，但体能已开始下降。我们需要从以往的高强度工作模式调到“三分精力”的状态。三分精力不是只发三分力，而是指把自己的精力分成三份，分别用于三件事：一是继续做好当下的事；二是找到事业传承的接班人；三是留出精力让自己养生，不要再像年轻人一样熬夜。这个阶段不逞强，不盲目扩张，不放大自己的能力，不做糊涂的决策。这在生活中有太多的实例，个中道理，智者自明。

如何安于天赋，享受人生？

安于自己的天赋，保持积极和乐观的态度，通过培养兴趣爱好来寻找生活的乐趣，通过参与公益活动来保持和社会的连接，通过发挥自己的天赋，在工作和生活中找到平衡，实现身心的健康和生活的幸福。

有人戏说，谈恋爱最好的时机是20多岁，其次是退休以后。确实，很多美好的事情都可以在这智慧有成、心态淡泊的年纪体验。比起青春期的迷茫，年轻时的奋力拼搏，结婚后的育儿压力以及中年的重负，退休后的生活多么幸福淡然，每一天都是上天美好的馈赠，这应是一个人最自在无牵挂的时光。等我年纪大了，要当个快乐的老“仙姑”，在深山老林里邀上三两知己，练习太极养生，享受古琴雅集，可以面对大山高歌一曲，任那声音回荡在山谷里，就像儿时蹦跶的模样。

育教法则

少些教化晚辈的严肃，做个幸福自在的老顽童！

生活实践

- 学一个可以让自己独处时感到愉快的兴趣爱好，如太极拳、琴、棋、书、画等。
- 和年轻人做朋友，尽自己所能培养和帮助身边的年轻人。
- 像照顾孩子一样照顾自己，把时间按周计划排好，工作、生活、社交，井井有条。

天赋 × 时间：天赋发现与成长效率

普通人也能找到自己的天赋吗？

经常听到有人说，“咱们都是普通人，没什么天赋”。如果你认同了这句话，就相当于自我设限了。我常常鼓励家长：“只要你有一双善于发现的眼睛，每个孩子都是天才。”这句话不仅是一个美好的愿景，更充满了教育的深情。因为我们所说的天赋，并不特指“天赋异禀”的人，而是以多元智能的天赋视角，每个人对自己而言都有一个相对的优势智能，我们称之为天赋。只要通过适当的引导和培养，这些天赋都可以得到充分的发展和发挥。

以我们“天赋少年领袖研学营”的一位学员雨诺为例，她第一次来参加研学的时候只有10岁，她有一个哥哥和一个弟弟，三个人一起入营。一开始，她总会和哥哥吵架，有时候还会把弟弟弄哭，但她是一个非常有灵气的姑娘，天赋测评报告显示她的自然观察智能是排第1位的。她会随手抓起一只蛐蛐在手上玩，仿佛这蛐蛐是她驯化的宠物。她妈妈说，家里养了仓鼠，她会徒手去抓一把软糯糯的虫子去喂仓鼠。有时，她还会从外面带回来一窝小鸟。研学活动快结束时，我们到了山上，快下雨了，她还想打开蜂箱观察蜜蜂。尽管大人警告她，这时蜜蜂容易蜇人，她仍然坚持要看，蜜蜂围绕在她周围，她却一点都不怕，仿佛它们是蝴蝶。还有一次，我们在温州青灯博物馆研学，这里养了很多猫，我们在课堂放置了百合花，她立马跑来告诉我，百合花会让猫过敏，不能放置。大家都惊叹她的博学，只要和小动物们在一起待一会儿，她就感到很开心。

由于雨诺拥有香港身份，她妈妈咨询我要不要让孩子去香港学习。我支持雨诺去香港读书，因为她在浙江的学习成绩并不拔尖，并且个性鲜明，有自己的爱好，显然，香港的教育环境更适合她。现在，她已经适应了香港的生活，并且给自己定下梦想，长大以后要成为一名宠物医生。这就是一个平凡的孩子发现并追随自己天赋的过程。

天赋发掘和不发掘有什么区别？

每当有人问我“天赋发掘和不发掘有什么区别”，我都会告诉他，“平凡很美，但卓越很酷”。很多人忙忙碌碌一辈子，为了谋生拼尽全力，因为责任使然，负重前行，却很少体验到“快乐、自在、心流”的感觉。于是，他们的思想和身体开始慢慢僵化，从而失去了那份天然的灵气和创造力。

在生活、工作和学习中，你会发现有两种状态：一种是努力坚持，另一种是乐在其中。表面上看是一样的，而内在是两种完全不同的状态。努力坚持的人总有累了、倦了、坚持不下去的时候，而乐在其中的人有用不完的创意，他能凭着一腔热情，在自己想要探索的领域走出知识的边界，得到前所未有的答案，从而把事情做到极致。所以，天赋得以发掘的人更容易在人生的道路上获得持续的成功，并在过程中更有幸福感。

天赋发现得早或晚有什么不同？

前面我们讲了要趁早发现孩子的天赋，那么天赋发现的早晚到底有什么不同呢？有些天赋一定要趁早发现，通过“童子功”加上持续的刻意练习，就有可能获得很高的成就。例如在体育运动领域，像体操、跳水、滑雪等项目，绝大部分世界冠军都是从小被选拔培养的。

而有些天赋却没有那么严格地受时间的限制。例如绘画，众所周知，凡·高是二十多岁开始画画的，但这并不影响他最终成为举世闻名的画家。

那些守护着你的人，是在等待着你的心
一点一点地长大、变得强大。

因此，尽早了解孩子的天赋，以免错过最佳的培育期，是非常重要的。简单的养育是动物界的本能，而我们人类的智慧在于如何帮助孩子在成长过程中找到自己的方向和动力，避免在未来的学习和职业选择中迷茫。尽早发掘孩子的天赋，不仅可以发现和培养他们的潜能，还可以增强孩子的自信心和成就感，让他们在学习和生活中表现得更加积极主动。

育教法则

教育的本质不是与时间赛跑，而是把握生命成长的节奏，在正确的时间点燃恰当的火种。当我们用科学取代焦虑，用观察替代强迫，每个生命终将在属于自己的季节绽放。

生活实践

- 给孩子做一次天赋测评，并与有经验的天赋测评咨询师交流。
- 观察孩子的兴趣特长，并试着在有天赋的方面加以培养。
- 陪孩子制订一个天赋成长计划，尽早发掘孩子的天赋。

天赋与素养：发掘天赋的契机

人生的转折点

发掘天赋的契机通常是指在某些偶然事件或特定情境下，一个人突然发现自己在某个领域的潜力和天赋。这些契机可能是一次偶然的机会、一次意外的尝试，或是一段特别的经历。

大部分中国人都知道鲁迅先生弃医从文，终成一代文豪的故事。今天我们来讲讲安徒生的故事。

安徒生被喻为丹麦的“国宝”，他出生于一个贫穷的鞋匠家庭，童年生活贫苦。父亲是鞋匠，母亲是佣人。在父母自由的教育环境下，尤其是母亲的鼓励，安徒生很早就展现出了想象才能。他在家中搭起玩具剧场，给他的木偶做衣服，同时还阅读所有可能借到的戏剧剧本，这些剧本包括路维·郝尔拜和威廉·莎士比亚的作品。

安徒生在1819年9月来到哥本哈根。由于他声音优美，被皇家艺术剧院雇用；但不久后，他的嗓子坏了，并且失业，甚至差点饿死。后来，他得到诗人弗雷德里克·霍格·古德伯格等人的帮助。虽然歌唱家的梦想破灭了，但他被荷兰皇家剧院接纳为舞蹈学徒。同时，他在写剧本过程中，写作的天赋逐渐显现。后来，他得到了皇家剧院主管乔纳森·柯林的帮助，在乔纳森·柯林的介绍和说服下，国王弗雷德里克六世对这个“特别”的男孩产生了兴趣，决定把安徒生送到斯莱格思的文法学校深造。毕业后，安徒生去了哥本哈根，开始了他的高产创作生涯。他的代表童话有《卖火柴的小女孩》《海的女儿》《拇指姑娘》《皇帝的新装》《白雪公主》《夜莺》《丑小鸭》《红鞋》等。安徒生生前曾得到皇家的致敬，并被高度赞扬为“给全欧洲的一代孩子带来了欢乐”。他的作品已经被译为150多种语言，成千上万册童话书在全球出版发行。他的童话故事还被改编成舞台剧、芭蕾舞剧以及电影动画，被誉为“世界儿童文学的太阳”。

普通人的天赋是怎样发现的？

普通人与杰出者的分水岭常常在于发现天赋之前和发现天赋之后，而发现天赋对于大部分普通人来说，往往是因为一次偶然的事件，我们从三个方面来概括一下。

1. **偶然的机会：**有时，一次意外的尝试会成为发现天赋的契机。有些人可能在一次不经意的尝试中，如一次音乐会的参与、一次绘画课的体验，或是一场科学实验的探索中发现了自己的天赋。在一次意外的发现中，激发了自己的兴趣和热情，如发现自己在写作、演讲、运动等方面的天赋。
2. **特别的经历：**有些人可能在一次重要的经历中，发现了自己的潜力和天赋，如一次比赛的胜利、一次表演的成功，或是一次项目的圆满完成，甚至是一次挫折的反思中重新认识自己。
3. **关键人物的影响：**有些人可能在导师的指导下，发现了自己的天赋，如老师的启发、教练的引导，或是长辈的建议。同伴的影响如朋友的鼓励、团队的合作，或是同龄人的榜样，都可能促使一个人认识到自己的天赋。

是什么阻碍一个人发挥天赋？

生活中，你会发现，真正能发挥天赋、活出幸福的人并不多。那是什么阻碍一个人发挥天赋呢？我们从三个方面来做一个总结。

一、目标

很多人对学习、工作和生活缺乏目标感。目标感是指个人在学习、工作和生活中设定的具体目标和追求，它能激发内在动力，指引行动方向。我们通过设定明确的短期和长期目标，帮助自己集中精力，持续努力。同时将大目标分解成小目标，逐步实现，增强成就感和自信心。

二、压力

如果一个人长期处于求生存的状态，就有可能影响他的创造力。如果孩子在家里经常被打骂，感受不到爱和归属感，或在集体里被排斥，如果成年人有过高的负债压力等，这些都有可能阻碍一个人天赋的发挥。过大的压力会导致焦虑和疲劳，影响思维的灵活性和创造力。在生存压力下，人们更关注短期的生存问题，而忽视长期的创造和发展。

那燃烧着你的意志的熊熊烈火，
实际上都锻造着你纯澈坚强的金刚钻之心。

三、诱惑

许多看似优秀的人未能取得成功，往往是因为受到各种诱惑的干扰。这些诱惑使得他们无法专注于自己的目标和天赋，缺乏毅力和坚持，容易放弃和退缩。上天给了一个人才华，却也因此引来无数诱惑，当一个人的能力和诱惑成正比，抵消的是聚焦与专注，于是很难成事。

育教法则

挫折往往是礼物，让你透过喧嚣看见自己的天赋。如同莱昂纳德·科恩的《颂歌》名句："万物皆有裂痕，那是光照进来的地方。"

生活实践

- 把目标贴在墙上，每天留5分钟时间去梳理直达目标的最优路径。
- 给孩子创造多样化的体验机会，让他们接触不同的事物，通过多样化的尝试和探索，在体验中成长。
- 通过跨领域的学习和实践，拓宽自己的视野，让天赋成为自己的核心竞争力。

本章结语

未来的教育，是发现天赋的教育，未来的教育不应是标准化的，而应该是定制化的。让学生置身于想要学习的环境中，让他们可以自然地发现自己真正热爱的东西。教育变革的关键在于个性化，在于发现每个孩子的天赋并让他们实现成就。

——《让天赋自由》

第三章

顺应孩子天赋，做好教育规划

“不要让一条鱼去跟猴子比爬树”，
孩子的成长既不是赢在起跑线，
也不是输在起跑线，
而是要找到适合的起跑线。
盲目“内卷”只会让孩子厌学，
当孩子顺应天赋，享受求知之乐，
便自然而然成了终身学习者。

教育规划——从教育焦虑到科学决策的家长必修课

为什么大部分父母总希望孩子上好学校？

某招聘网站的一份报告显示，2022 年，硕士研究生及以上学历的毕业生首份工作的平均月薪最高达到 7337 元；大学本科生首份工作的平均月薪为 5120 元；职校应届生首份工作的平均月薪为 3828 元。看到这组就业市场的数据，你就会明白，父母用心良苦是为了孩子将来能有更高的收入。有一本书《爱，金钱和孩子》，深刻剖析了教育投入和经济收益的关系。

在 20 世纪七八十年代，父母对孩子的教育关注并不像今天这样密切。过去一个大学毕业生出来教书，其收入和工厂里的工人差不太多，所以整个社会对孩子的教育没那么高的关注度，大家的教育方式也相对宽松。而现在，名校毕业生进大厂有机会年薪几十万元甚至百万元，大部分职校毕业生则只能从普通岗位起步，起薪三四千元。收入差距的扩大，教育投资回报的差异成了“内卷”严重的主要原因。

什么是教育升学规划？

教育升学规划是基于教育科学、教育政策以及教育数据，为了实现孩子的教育目标，对当下及未来的教育资金与资源投入、教育活动选择、教育路径设定和关键升学节点等作出全面统筹的系统性认知提升和服务方案。对一个家庭而言，一个好的教育规划是从战略蓝图到动态进化的成长操作系统。

教育升学规划包含以下三重维度。

1. **时间维度：**涵盖全周期设计，从学前启蒙、中小学升学到职业预备的 20 年战略及关键节点的把控。
2. **空间维度：**站在全球视野，结合家庭经济、社会资本及文化价值观做多元升学规划，多维度打造孩子未来可持续的核心竞争力。
3. **天赋维度：**通过对孩子天赋的观察与科学的评价，让成长的每一步都铿锵有力，每一次选择都清晰明确。

为什么要顺应孩子的天赋做教育规划？

我在天赋学苑的合伙人赵先生，他的儿子小赵从初二开始特别热爱化学，在高中时参加奥林匹克化学竞赛，成功保送至清华大学，并实现直博。

教育升学规划不同于高考志愿填报，真正的天赋教育规划师不是根据数据做填鸭式教育的执行者，不仅是为了不浪费分数，更是要根据孩子的天赋，将教育规划视为“寻找生命成长的中轴线”。这样，以终为始，才能帮助新一代的孩子在AI替代逐步升高的未来职场，找到自己擅长和热爱的事业。这或许就是教育规划最深远的时代价值，让规划本身成为照亮未来之光，而非束缚生命的茧。

育教法则

教育是点燃一团火，而不是装满一桶水，顺应天赋不是放任自流，而是用科学之光点亮生命的本真形态。当我们懂得呵护孩子的天赋，真正回归本原的教育，人类文明的创新引擎将获得永不枯竭的动力——这或许就是我们能为未来准备的最好礼物。

生活实践

- 全球视野：了解人类发生的重大科技变革，为孩子升学时文理分班、专业选择奠定认知基础。
- 关注政策：密切关注国内教育政策变化和国际录取标准，实时了解当地的升学关键信息。
- 发掘天赋：从广泛体验兴趣班到精准培养天赋特长，帮孩子找到自己心中真正热爱的事。

时间管理——从学前启蒙到高三冲刺的里程碑设计

时间管理不是将孩子变成“日程表机器”，而是通过科学规划，让成长更高效且方向正确，让孩子充满活力。

一、学龄前阶段（0 ~ 6 岁）时间分配模型：50% 自由探索 +30% 多元刺激 +20% 规律养成

这个阶段的核心任务在于通过感官刺激激发大脑潜能，建立基础认知框架，养成好习惯。

0 ~ 3 岁：固定作息表，训练时间感知能力，掌握昼夜节律，建立午睡—活动交替模式。

3 ~ 6 岁：教孩子认识时间，培养时间具象化认知，让孩子能连续专注 25 分钟。

二、小学阶段（6 ~ 12 岁）时间分配模型：40% 广泛探索 +30% 优势聚焦 +30% 通识奠基

1. 时间分配表：制定起床、上学、放学、作业、运动、娱乐的每日时间表。

2. 空间锚定：不同场景绑定特定任务（书桌 = 作业，沙发 = 阅读，花园 = 运动）。

3. 时间管理策略：采用“番茄工作法儿童版”——学习 20 分钟 + 活动 5 分钟。

三、初中阶段（12 ~ 15 岁）时间分配模型：70% 核心学业 +20% 跨学科融合 +10% 兴趣爱好

初中阶段（7 ~ 9 年级）是升学过程中的重要阶段，由于学科难度陡增，我们以三维时间管理模型助力精准的升学规划。

1. 战略层：制定《三年倒推计划》，锚定中考目标校，分解每学期里程碑任务。

2. 战术层：开发“四象限作业法”。

- 紧急重要：如数学压轴题专项突破。
- 重要不紧急：如语文经典精读（周末晨间）。
- 紧急不重要：如抄写类任务利用课间碎片时间完成。
- 不重要不紧急：如社交媒体使用时间控制在每日 20 分钟以内。

3. 工具层：

- 给笔记本分类：学霸手账、错题本、计划表、灵感库。
- 物理隔离法：设置“无手机学习舱”或定时把手机锁在盒子里。
- 听英语新闻：同步提升语言能力与时政敏感度。

四、高中阶段（15 ~ 18 岁）时间分配模型：80% 升学路径冲刺 +20% 心理韧性建设

高中阶段的核心挑战是冲刺与平衡的艺术，在高考或国际升学压力下，需兼顾深度学习与心理健康的平衡。

针对高中时间管理的策略如下：

高一寒假：完成学术能力定位（文理分科、学科竞赛、综合评价、特长路线）。

高二暑假：完成综评课题或全球申请的前置考试，如雅思、托福及标准化考试。

高三冲刺：启动“高考强化周期训练法”（5 天学习 +1 天模考 +1 天复盘。在每天的时间安排上，早晨精力充沛时，可以学语文、数学等需要攻克的专题，下午可以学物理、化学，写小论文之类，晚上睡前是记忆的黄金时间）。

为什么在高中这么重要的阶段还要留 20% 的时间做心理韧性建设？我们来看一下普遍的社会现象，有些孩子大考时容易发挥失常，有些孩子却能稳定甚至超常发挥，有些孩子因考不上自己的理想学校而长期失落，有些孩子能迅速从录取结果中找到新的方向和动力，这就是心理韧性建设的重要性所在。

我分享一下自己的亲身经历，我在陪伴儿子一路升学中，非常重视他的心理韧性建设。我们既设定了高目标，也确定任何结果都能坦然接受，以至于每一次重要的升学考试，如小升初面试、中考、高考，他都能超水平发挥。我也悄悄做了个小范围的调研，什么样的孩子容易发挥失常？父母过度干涉或过高期望，可能会导致孩子大考时因紧张和焦虑而发挥不出正常的水平。

每个高中生都有可能在这些方面遇到挫折——“文理选科，分班考试，成绩不稳，申请被拒”。家长如何为高中生做心理韧性建设，提高孩子的抗挫折能力，这是父母在陪伴孩子人生最关键的三年中做的最重要的事，非常考验家长的心力和智慧！

无论是学习成绩好的孩子，还是成绩平平但在某方面有天赋的孩子，我们都要看到其生命成长的弹性！

很多家长会问我，孩子发现自己在音乐方面有天赋，是不是要学郎朗的成长之路？孩子发现自己在运动上有天赋，要不要按照全红婵的路线走？在幼儿园、小学阶段，这样的教育规划可行性高，但随着年龄的增长会逐渐降低。到了高中，要考虑更多维度，既要看孩子的天赋，也要看家庭的资源和是否有名师指路。绘画是相对不受年龄限制的，所以，每年会有很多高考生为了考更好的学校而去集训艺考。但这样的选择一定是真的热爱，而不是为了面子，否则，当你跨过河到达对岸，去追逐别人的脚步，再想返回时，你会发现为时已晚。

顺应自身天赋的独特路径去走，这看似冒险，但风景旖旎；随大流的路平坦且拥挤，但心理上更有安全感！

生命在于体验，跟随自己的心走，你选的任何路径都是正确的。条条大路通罗马，未来都是光明的！

育教法则

真正的时间管理，不是分秒必争，而是张弛有度，抓住每个时期育教的核心法则，用规划释放更大的可能性。0～3岁的安全感，3～6岁的好习惯，6～12岁的立志与梦想，12～18岁建立独立而完整的自尊体系，学会在时间维度上纵览全局。更要洞见未来，让每个生命按照自己的时序绽放。

生活实践

- 完不成作业怎么办？可以早起，不要熬夜，晚上11点前必须入睡，充足的睡眠是健康的前提。
- 懂得减压：承认负面情绪的合理性，父母少干涉孩子的具体学习，要以运动和兴趣来帮孩子减压和放松。
- 榜样力量：父母坦承自身的工作挑战，并以幽默乐观的态度，示范积极的应对策略。

兴趣特长——从考级考证到升学就业的“硬通货”

兴趣特长对孩子成长的意义

孩子的兴趣特长有两方面的意义：一方面是为升学助力，通过特长生通道录取到对应的学校；另一方面是丰富孩子的课余生活，起到减压提质的作用。有兴趣特长的孩子往往课余生活更丰富。但需要注意的是，别让过多的兴趣班消耗孩子的意志力。

很多家长选择兴趣班不是看孩子到底适不适合，而是受到“别人家孩子”的影响，盲目跟风。报过多的兴趣班会带来哪些问题呢？

首先是时间和精力不足。孩子的时间和精力有限，过多的兴趣班会让他们感到疲惫和压力，影响学习和生活。

其次会导致兴趣分散。过多的兴趣班会让孩子的兴趣分散，难以在某个领域深入发展，反而降低了专注度和学习效果。

最后是会让孩子失去乐趣。当兴趣班变成负担，孩子会失去兴趣，甚至产生厌学情绪。

三大类别特长升学和43项教育部白名单比赛

三大艺术类升学通常包括音乐、美术、舞蹈等方向。例如：中央音乐学院附中“彩虹阶梯”培养体系；清华大学美术学院的“设计学类”文化课降分录取规则；北京舞蹈学院附中与上海戏剧学院附属舞蹈学校的选拔差异等。家长要在孩子小升初的时候，规划好是否在初中上艺术类学校，以符合孩子的学习节奏。

43 项教育部白名单比赛共包含三大类，即科技、体育、艺术。其中，科技类大约占一半，艺术类大家都很熟悉，体育类如果没有天赋，最好不要选田径、球类，也可以研究冷门项目，如击剑、马术、武术等。

科技赛道相较其他升学途径来说，并没有那么拼天赋。喜欢数学、编程以及动手操作能力强的孩子都可以尝试科技赛道。比较热门的有：机器人——VEX 世锦赛和 MakeX 世界机器人大赛；航模——全国青少年航空航天模型锦标赛，这个比赛与国防科技大学强基计划关联；科创——“明天小小科学家”奖励活动，这项活动与中国科技大学少年班初审门槛相关。

白名单比赛的各个项目在各地的含金量不同，所以，想通过白名单比赛来为升学获得优先录取机会的家长，一定要先了解清楚孩子的目标学校在往年认可的赛事。

五大学科竞赛的优势

1. 保送资格：国家集训队（国集）的成员有机会直接保送至清华、北大等顶尖高校。

2. 名校少年班：低年级获奖者有机会进入清华大学丘成桐数学科学领军人才培养计划、北京大学数学英才班、中国科技大学少创班等。

3. 强基计划：金牌、银牌、铜牌获得者可以获得强基计划破格入围资格，直接进入校测。

4. 综合评价和高校专项计划：在综合评价初审及测试环节都有优势。如南方科技大学综合评价招生中就明确，获得五大学科竞赛入围省级一等奖，有机会在校测环节获得加分。

5. 特殊训练营和体验营：清华、北大等高校举办的各种学科营活动，如金秋营、冬令营等，学科竞赛奖项是部分营的“敲门砖”，表现优异的考生有机会被推荐至高校招办。

6. 竞赛对课内和高考的促进作用：深入学好一门学科有助于理解其他学科，带动总体成绩的提高。

育教法则

通过竞赛来深度学习，提升普通孩子的下限，提升天赋孩子的上限。

生活实践

- 女生非常适合参加全国青少年信息学奥林匹克竞赛。女生相对更有耐心，有专门获奖名额，竞争相对小，还有 NOI 女生竞赛。
- 学有余力，有兴趣，且数学成绩好，可以从四年级开始提前规划。
- 不要过于功利。任何比赛都是对孩子视野的拓展、思维的提升、未来发展的一种准备，为人生增添一种可能性。

学科规划：语文——从应试教育到文化传承的升维

新课标：语文到底学什么、考什么？

2022 年新课标提出了语文学习的 9 大总目标和 4 项核心素养。

语文义务教育目标

9大总目标	4项核心素养
1. 价值输入 2. 文化自信 3. 文化关注	文化自信
4. 能说会写 5. 阅读沟通	语言运用
6. 感知创造 7. 辩证思维	思维能力
8. 文学赏析 9. 表达创造	审美创造

我们通过这张图就可以看出语文在小学、初中、高中阶段的学习重点和考试趋势。

如何从童趣到思辨，阶梯式规划语文教育

语文学科的规划需顺应孩子的认知发展规律，构建螺旋上升的学习体系。

一、小学阶段（6 ~ 12 岁）——播种期

以“兴趣 + 基础”为核心：通过绘本、童谣、诗词、神话故事等激发语言感知力，用“汉字溯源法”（如“木”字象形讲解）替代机械抄写；每日 15 分钟亲子共读，培养阅读习惯；鼓励口语表达，开展“故事创编大赛”“诗词吟唱会”等，让语言与生活、情感联结。

二、初中阶段（12 ~ 15 岁）——扎根期

强化“逻辑 + 思辨”能力：精选《世说新语》等短篇经典，训练文本分析能力；通过议论文写作梳理观点，用“金字塔模型”搭建论述框架（观点—论据—结论）；引入时事讨论，引导深度思考。

三、高中阶段（15 ~ 18 岁）——生长期

聚焦“批判 + 创造”素养：研读《史记》《乡土中国》等学术性文本，撰写文化比较论文；组织“《红楼梦》人物心理研讨会”“诗歌意象解构工作坊”等，培养审美与哲学思维；鼓励创作小说、剧本，将语言转化为创造力的载体。

语文教育三大核心方法

一、建构母语思维

语言是思维的载体。从小学的古文吟诵到高中的逻辑论证，需始终

强调“用中文思考”，如用思维导图拆解《赤壁赋》的情感脉络，通过辩论赛锤炼观点表达等，避免将语文降格为“答题技巧”。

二、输入输出平衡

“读万卷书”需与“说千句话”“写百篇文”结合。建议建立“3 ：2 ：1 黄金比例”——3 份经典阅读、2 份口语表达（演讲 / 访谈）、1 份书面创作，让语言能力在输入输出闭环中自然生长。

三、人文精神传承

语文的本质是“立人”。通过《论语》中的君子之道、《平凡的世界》中的生命韧性，让孩子在文字中触摸中华文化的基因。用苏轼“一蓑烟雨任平生”的豁达、鲁迅“无穷的远方”的胸怀，浇筑生命精神世界的底色。

天赋适配路径：升学杠杆设计

语文好（语言智能强的孩子）的天赋适配路径：文学型——参加新概念作文大赛 / 叶圣陶杯等白名单比赛；思辨型——参加辩论赛 + 批判性写作（可衔接强基计划哲学专业）；传媒型——参与短视频创作 + 考取青少年记者证。

育教法则

让语文回归生活现场，语文教育绝非仅关乎分数，而是培育思维锐度、情感温度与文化厚度的生命工程。父母和老师是“语言的园丁”，在孩子心田播下种子，以经典为光，以生活为土，终将收获独立思想与丰盈灵魂的果实。

生活实践

- 生活即语文课堂：营造家庭共读场景，如晚饭后设立“文学茶歇”，共享亲子共读时光。
- 让文字与真实世界连接，知识方能生根，如共读《城南旧事》后带孩子探访老胡同。
- 对话引导深度化：避免仅问“今天学了什么”，可改为“如果你是杜甫，面对安史之乱会写下什么诗？”等开放式问题，以激活高阶思维。

学科规划：数学——从刷题“内卷”到数据科学的路径进化

怎样学好数学？

数学作为一门基础学科，对孩子的学业发展至关重要。合理规划数学学习，能让孩子在不同阶段稳步提升能力。数学学习的逻辑是运用数学思想和数学工具去解决问题。数学能力的提升不是简单的线性累积，与上课量、刷题量等不直接成正比。上课、刷题、勤奋努力都只是数学能力提升的必要不充分条件。

资质一般的孩子： 争取在课堂上一遍听懂，若听课有困难，建议提前预习。

资质中等的孩子： 课内知识课上过，课后拓展多练习。

资质优秀的孩子： 可适当增加非教材的高阶知识，奥数学习可暂缓。

“学霸”孩子： 参加竞赛，拿对应的名次。

数学要不要超前学？

超前学习可能导致孩子课内不专注，课堂效率低，但可以超纲学！即在教材范围外拓展关联知识，从而让数学知识点形成网状分布。

小学阶段： 重点培养孩子对数学的兴趣，通过趣味数学游戏和生活中的数学现象，让孩子建立数感与空间观念。

初中阶段： 引导孩子掌握系统的数学知识，如代数、几何，注重思维能力的培养，鼓励他们自主思考解题思路。

高中阶段： 强调知识的深度和广度，帮助孩子构建知识体系，学会举一反三，应对复杂多变的题目。

数学天赋的适配路径：分层培养策略

对于有数学天赋的孩子，选择合适的培养路径尤为关键。可以鼓励他们参加数学竞赛，拓展思维，接触更具挑战性的题目；参与数学社团或兴趣小组，与志同道合的同学交流切磋；还可以引导他们自学更高阶的数学知识，或参加数学竞赛，满足其求知欲并为升学助力。

竞赛型： 国际——美国数学竞赛 8 级、10 级、12 级，欧几里得数学竞赛，国际数学奥林匹克竞赛（IMO）等。

国内——中国数学奥林匹克竞赛（CMO），全国中学生数学联赛，丘成桐中学数学奖等。

应用型： Kaggle 青少年数据竞赛、“北斗杯”科技创新大赛等。

理论型： 中国科学院“英才计划”等。

育教法则

要让孩子数学成绩优异，有三大核心法则。一是“理解先行”，只有真正理解数学概念和原理，才能灵活运用。二是“练习巩固”，通过有针对性的练习，强化对知识点的掌握，但要避免题海战术，注重练习质量。三是“总结归纳”，引导孩子梳理知识脉络，总结解题方法和技巧，形成自己的思维模式。

生活实践

- 将数学逻辑融入日常活动，进行游戏化训练，如数独、棋类与策略游戏，培养预判对手逻辑链的能力。
- 将生活场景数学化。例如，购物比价时计算单位价格、折扣叠加逻辑，旅行规划时运用最短路径算法优化路线，或用概率评估不同交通方式的风险。
- 结构化思维训练。用批判性思考工具（如 5WHY 分析法），追问问题根源，如“为什么项目延迟？”可分解为人员、流程、资源等子问题。

学科规划：英语——从语言工具到跨文化连接的桥梁

新课标英语的学与考

在新课标下，英语学习不再局限于词汇和语法的简单记忆，而是更注重培养学生的综合语言运用能力，涵盖语言能力、文化意识、思维品质和学习能力四个维度。考试也不再单纯考查知识记忆，而是通过阅读理解、写作、口语表达等多种题型，来检验学生对知识的灵活运用与跨文化理解的能力。

那具体怎么学英语更高效呢？英语学习大致分为五个板块：单词、语法、写作、完形填空、阅读理解。在中高考等重要考试的时候，往往对学生的读题要求很高，所以，平时要多增加一些听看练习，第一遍盲听，第二遍边看边听，第三遍精读赏听。在素材选择方面，可以多选一些英语原版的教材，以提高英语的基础素养。在单词记忆方面，用艾宾浩斯遗忘曲线记忆法，结合自然拼读，提升英语学习的效率。

如何为孩子做好英语学科规划？

英语是一门可以超前学习的学科，从幼儿园到小学阶段是英语启蒙的关键期。家长可以通过英文绘本、儿歌、动画等形式，激发孩子对英语的兴趣。任何语言的学习，有一个重要的动作是磨耳朵，多听很重要。培养语感，建立初步的语言基础。到了初中，学习内容逐渐深入，应注重语法知识的系统学习，增加阅读量，如阅读简易的英文小说，提升阅读理解能力，同时鼓励孩子参加口语交流活动，锻炼表达能力。高中时期，英语学习更强调深度和广度，学生要进一步拓展词汇量，分析复杂的语法结构，接触各类学术性文章，提升写作的逻辑性与专业性，为大学学习和未来发展做准备。

一、天赋适配路径

有英语天赋的孩子，可以根据其特长选择合适的路径。如果擅长口语表达，可参加英语演讲、辩论比赛，锻炼口才与应变能力，未来往外交、翻译等方向发展；若在英语写作方面表现突出，可尝试参加英语写作竞赛，向英语文学创作、新闻传播等领域探索；要是对语言研究感兴趣，可深入学习语言学知识，为从事语言教学、语言研究等工作打下基础。

二、天赋驱动模式

- 语言学型：参加国际语言学奥林匹克竞赛（IOL）
- 跨文化型：模拟联合国、模拟 G20 外交官培养计划
- 学术型：EPQ 研究性学习认证 + 英语学术论文发表

育教法则

英语不仅是一门语言工具，更是打开世界大门的钥匙，能塑造孩子的跨文化领导力，让他们在全球化浪潮中脱颖而出。

生活实践

- 设立英语角：家里设一个固定的区域作为英语角，在这个区域只能说英语。
- 独享时光：每天设一段独享时光，在这段时间里只能阅读英文著作、用英语交流。
- 出国旅游：很多孩子通过出国旅游，真实感受到英语的作用后开始认真学英语。

多元升学：从单一高考到全球申请大学的N种通道

教育升学规划真的有捷径吗？

你听说过这些升学路径吗？

中国科技大学 / 西安交通大学 / 东南大学少年班赛道；

港澳台侨联考 400 分上 985 的实操路径；

马来西亚华侨生身份 / 新加坡华侨中学“直通车计划”；

香港优才计划子女 DSE 考试升学优势拆解；

中外合办大学让孩子低分也能上名校；

……

以上信息在升学规划中是常识。父母在望子成龙的同时，却做不出自己认知以外的决策，由于篇幅的原因，我不一一展开介绍每个项目，但要提醒家长们，孩子的专注力在学习上，而父母的关注度一定要在升学规划上。只有“举头望政策，低头思天赋”的静夜思索，才能让孩子在升学过程中，不会因为父母的认知差和教育信息差，导致同分不同命的结果。

多元升学路径要怎么选择？

多元升学路径是指打破传统单一高考路径，通过多种教育体系与申请通道，帮助学生在全球范围内选择最适合的升学方向。

以下从路径选择、申请策略等维度，系统化解析如何从单一高考转向全球申请大学的 N 种通道。

一、多元升学的核心路径

1. 国内高考路径具有公平性高、覆盖院校广的优势，适合学术成绩稳定、适应应试教育的学生。

优化策略包括以竞赛（如奥赛、科创大赛）提升竞争力，同时参加强基计划、综合评价录取，降低名校门槛。

2. 国际留学路径具有“全球教育资源选择权”的优势。

主流课程有 IB：适合综合能力强的学生；

A-Level：专长突出，适合偏科学生；

AP：美国方向首选。现在很多学校也可以直接通过高考成绩申请，适合语言能力强、适应国际化教育的学生。

3. 华侨生联考具有“录取分数线低，竞争压力小”的优势，适合拥有华侨身份或计划获得身份的学生。

4. 中外合作办学具有在国内享受国际化教育，成本相对较低的优势，典型项目有上海纽约大学、昆山杜克大学等中外合作院校，还有

“2+2”“3+1”等联合培养项目，适合希望体验国际化教育但暂时不出国的学生。

二、世界名校爱录哪种学生？

世界名校通常喜欢录取以下几种类型的学生：

学术顶尖：在学术上表现卓越，具备突出的学术能力和研究潜力。

多才多艺：在学术之外，具备突出的特长和兴趣，如体育、艺术、科技等。

领导力强：具备较强的领导能力和社会责任感，积极参与各类社会活动和志愿服务。

创新思维：具备创新思维和创造力，能够提出独特的观点和见解，推动学术和社会的发展。

育教法则

多元升学的本质是“以学生为中心，最大化教育资源的选择权”。通过打破单一高考路径，结合国际课程、华侨生联考、留学申请等多种通道，学生可以在全球范围内选择最适合的升学方向。关键在于早规划、早行动，整合学术、财务、时间资源，确保落地执行。建议寻求专业顾问支持，以规避潜在风险。

生活实践

家长在实际生活中一定要注意以下问题与风险规避。

- 身份转换问题：选择政策稳定的国家、地区和城市。
- 财务压力过大：制订详细的财务计划，预留应急资金。
- 警惕低龄留学，孩子独自在外可能会有心理健康和性格发展问题。

身份规划：父母对孩子的托举

什么是身份规划？

身份规划是指父母通过选择孩子不同的出生地或学籍所在地，从而让孩子进入更好的学校。比如，拿到北京户口、香港身份、上海积分等，成为很多高考大省的父母为孩子换赛道的方式。以一个山东或浙江的孩子来上海读书考试为例，父母一方持有上海人才积分满 120 分，可以在不买房的情况下，享受与上海本地学生同等的升学条件。上海有超过 10 所 985、211 大学，所以，孩子同样的努力，在上海会比在浙江和山东更容易考到好的大学。

选择身份规划的方式和时间节点

另一个路径是从课程体系上选择，如很多国际留学生选择国际文凭大学预科项目（IB）、美国大学先修课程（AP）、英国高中课程（A-level）等。

在身份规划方面，还要注意时间窗口。

1. 选择出生与户口所在地：我的学员橙子是天赋荟诸暨的会长，她有三个孩子，大儿子的户口在中国大陆，二女儿是中国香港身份，小儿子拿的是美国护照。

2. 小升初是一个很好的时间节点。比如浙江是小学 6 年、初中 3 年，上海是小学 5 年、初中 4 年。孩子在浙江读完五年级后转入上海，会比读完六年级再转入上海更优，更有利于孩子融入后面的学习生活。

3. 国内很多城市在初二之后禁止转校，比如上海的大部分中西融合的学校。家长最晚要在初二下学期确定在国内还是国际升学。

如何根据家庭的经济条件和孩子的学习成绩做升学规划？

在这张图上，横向坐标是孩子的学习成绩，纵向坐标是家庭的资金配置，中间有 12 个格子，分别对应不同的坐标。在这里，值得注意的是，格子之间可以横跳、纵升，也可以斜切，因为所有的定义只是为了方便家长理解，不必完全框死在数字或概念里，相对而不绝对。通过了解教育规划的常识，站在更高的视角，以平和、中庸的心态纵观全局，我们才能让教育规划进入顺应天赋的理想状态：用规划创造选择的自由，而非限制自由。

育教法则

人生有八苦，“求不得”是最常见又常受之苦，拿不到的奖项、申不上的学校、追不到的对象、做不成的项目，这都是一个正常人世界里的常态。对于整个人生而言，考不上理想学校，相当于走路时一不小心撞到透明玻璃门的疼痛，过会儿就全好了。一切确定的坏消息，后面一定都是好消息。勇敢往前走，前面会有更美好的等着你。

生活实践

科学个性化教育三步法：

- 科学测评，发现天赋：以天赋测评，定位核心优势，了解学科潜能、兴趣特长和解压方式。
- AI 人工智能高效伴学：了解学业数据，知识点漏洞，预设个性化智能课表，精准推送。
- 提前做好教育升学规划，根据教育资金和学习成绩，为孩子找到最优解。让成长少走弯路。

顺应天赋，为孩子铺一条终身成长的路

终身成长的长期主义者才是人生赢家

世界经济论坛估算，全球每年因教育错配导致的生产力损失达 4.7 万亿美元。约翰霍普金斯大学对 1000 名学生的 30 年追踪研究显示，那些顺应天赋的人的职业满意度比对照组高 83%。这让我们看到，当教育违背天赋时会导致一个人的自主性丧失、胜任感缺失、归属感瓦解，无法获得身份认同。

我经常会问焦虑的家长一个问题，高考是孩子学习的里程碑还是终点站？比考个好大学更重要的是什么？如何把孩子培养成终身学习者？在人工智能时代，很多工作都会被快速更替，但一个人如果具备了终身学习的能力，就能一次次跨越周期。

提升认知，那些升学过程中的诱惑与压力

每次我去一个城市做讲座，都会碰到这样的家长，孩子上初中或高中，成绩普通，但是，父母的执念就是让孩子考上名校。这样的家长可能容易引起两大问题，轻则家长的钱被骗，重则孩子因长期的学习重压和父母的期盼落空而过于内疚自责。

不论是在国内还是国外，每年都会发生一些孩子在重大考试后走向极端的案例。我想提醒每一位家长，我们在陪孩子升学的过程中，不要总鼓励孩子踮起脚尖追求高目标，甚至盲目追求那些跳起来也够不着的目标。对于一个未成年的孩子来说，他对未来的人生缺乏整体的规划和思考，如果父母过度灌输高考决定人生的观点，孩子一旦考试失败，就容易走极端。

特别要注意的是，如果父母是老师或名人，也要放下偶像包袱，不要给孩子增加压力。有一次，我儿子突然问了我一个问题："妈妈，如果我考不上名校，你的那么多学员会怎么想啊？"我没想到他还有这样的烦恼，我立马回答说："妈妈一直传播天赋教育，讲的是要顺应孩子的天赋去培养，你从小就梦想着要成为一个企业家，妈妈一直很注重你全方位的综合能力，像你这样文理兼修的理科生，不管考上什么样的大学，妈妈都很开心，因为在妈妈眼里，你本人的优秀品格比名校的光环更有价值。"孩子瞬间释然，这也是每次考试他都能超常发挥的原因，因为父母没有特别大的期待，孩子反而能轻松面对每一次重大考试。

父母可以为孩子升学做些什么？

在天赋学苑的每次公益课上，我都会讲到好父母的三个标准：懂孩子、爱自己、会规划。如果以此作为生活实践，我们将在陪伴孩子成长的过程中获得圆满与幸福。

一、懂孩子

懂比爱往往更重要，懂孩子的父母会从根本上了解孩子，为孩子铺一条终身成长的路。有些父母经常跟孩子说："只要你考上好大学，以后就不管你了，你就可以过上好的生活。"从现在的大学生就业率来看，这可能是父母对孩子说的一个最大的谎言。我经常问家长们："你觉得高考是学习的终点还是成长的里程碑？"很多父母往往将高考看作决定孩子成败的关键，而事实上，不论考上什么样的大学，人生都才刚刚开始！

二、爱自己

有一个实验：一个女人手里有满满的一杯水，倒一部分给丈夫，倒一部分给孩子，倒一部分给老人，再倒一部分给生活的琐碎，最后这个杯子空了。这启示我们，一个母亲在家庭中要做到一件事——爱自己，因为只有你懂得为自己的爱之杯蓄水的时候，你才能源源不断地去滋养这个家庭的成长，才有好的心情陪伴你的爱人，有好的状态为孩子提供情绪价值。

三、会规划

在助力孩子考个好学校这件事上，很多父母都选择陪学，相当于自己跟着孩子又读了一遍小学、初中、高中，但那样家长太辛苦。科学合理的方法是为孩子提前做好教育规划。教育规划是一道要以终为始、做好推演的数学题。以天赋的视角，扬长避短，懂得科学系统地为孩子规划未来。

父母要想成为孩子人生学业的导师，就要学会在变化的世界中探寻不变的因素。这个世界一切都在变，但从道的层面看有些东西是相对不变的，例如，在孩子升学这件事上，变化的是政策、分数、专业等，相对不变的是孩子内在的天赋。所以，在为孩子做教育规划时，不仅要关注分数和专业，更要关注孩子的天赋和原生兴趣。

育教法则：顺其自然

名牌从来都不是必需品，名校也一样。在孩子升学的过程中，只要我们努力了，就顺其自然接受结果，因为每一条路风景都很好。

生活实践

- 鼓励孩子追求高目标的同时，一定要有稳稳落地的备选方案。
- 警惕低龄留学，孩子独自在外容易出现心理健康和性格发展问题。
- 不要过于追求一帆风顺升学，成绩名列前茅，成长过程中的挫折是生命最好的礼物。

本章结语

在“千军万马过独木桥”的传统升学竞争模式下，越来越多的家庭开始意识到：真正的教育突围，不是盲目“内卷”，而是基于天赋的科学规划。真正的教育升学规划，不是将孩子塞进预设的轨道，而是让天赋自由生长，用科学方法为其构建一个展现才华的舞台。当家长学会用“望远镜”展望孩子的成长趋势，用“显微镜”捕捉成长的关键节点，用“多棱镜”整合教育资源时，每个孩子都将找到属于自己的星辰大海。

第四章

发掘天赋的九个方法

成长从来不只是学知识
而是转向开始了解自己
发现自己未知的天赋
觉察自我或科学测评
探寻心中真正的热爱
九种发掘天赋的方法
用以生命成长的修习

天赋觉醒：开启属于你的英雄之旅

“一个伟大的生命就是一段又一段的英雄之旅。你会被不断地带到一次次的冒险之中，你的视野也一次次地变得更广阔。”翻阅《英雄之旅》一书，内心萌动着一个冒险家的想法，人生在任何时候、任何境遇，都可以遵循自己的内心，重新活一次，活出你的天赋！

每个“魔童或灵珠”降世时都携带着人类文明的星火，但多数人终其一生只活出未燃的状态。当觉醒者听见内心的召唤，那是远古英雄血脉的共振。当勇气刺破认知的茧房，那些曾被命名为“挫折”的暗礁，终将显形成托举你飞跃的星石。

英雄不问出处，每一个平凡的你我，都将在命运赋予的恰当时机，成为自己或周围世界的英雄。正如《孤勇者》的呐喊，“谁说站在光里的才算英雄？”——所有照亮人类长夜的炬火，最初都是颤抖着划亮自己的那簇微光。

生命的三个不同层次

生命的三个不同层次分别是解决问题、忙于事情、顺应天赋。

活在第一层次时，我们每天都在应对解决问题，各种来自生活、工作、情感的琐碎，慌慌张张只为碎银几两，这是大部分平凡人的日常。

而有些幸运的人，抓住了一个机会，跃升至第二层，几乎用了全部的时间去忙于挣钱。等到事情忙得差不多了，发现人生已到中年，感叹时光荏苒。

当我们来到第三层，站得更高，也能看得更远，开始顺应自己的天赋，顺势而为。人生有一道分水岭，发现天赋之前和发现天赋之后，人生真正的跨越式成长，往往来自穿越干扰，活出自己的天赋。

很多人都会问，活在天赋中究竟是一种什么感觉？用四个字表达——“如鱼得水”！在做之前，你对此事已充满期待；在做的过程中，你的求知欲很强，非常专注；做完之后，你会感觉很有成就感和真实感。

发现天赋的六个步骤

《现在，发现你的优势》一书中，提到发现天赋的六个步骤。当我们把这六个步骤和《英雄之旅》一书中提到的八段历程作对比后发现，它们竟如此神似。

第一步：觉知——是什么阻碍你活出天赋，是诱惑太多、压力太大，还是生活过于安逸？

第二步：对话——不断和别人探讨你的优势，在不同的社交场合，讲“最好的我和最初的梦想”。

第三步：停止——阻止弱势的STOP策略，暂停当下在做的事（Stop），试着组建团队（Team），找出（Offer up）你的一个优势，换个角度（Perspective）看待自己的弱势。

第四步：行动——FREE策略，发挥你的优势，充分投入时间。

FREE 中，F 代表“专注”（Focus），优势领域；R 代表对不擅长的工作要“懂得放手”（Release）；第一个 E 代表“教育”（Education），学习必要的新技能；第二个 E 代表“拓展”（Expand），如何打造优势，确定你的学习对象是谁。

第五步：保持——持续的力量，养成牢固的习惯。

第六步：感召——不断分享，创造你的天赋团队。

《英雄之旅》一书中的八段历程

1. 聆听召唤：感受到内心的召唤，决定踏上一段新的旅程。

2. 投入召唤（克服阻抗）：面对挑战和未知，产生恐惧和怀疑。

3. 跨越门槛（入门）：拒绝召唤，克服内心的恐惧，勇敢迈出第一步。

4. 寻找守护者：遇到导师，在关键时刻得到导师的指引和帮助。

5. 经历考验：在旅途中面对各种挑战和困难。

6. 获得宝藏：发展出内在自我和新资源，通过努力和坚持，获得成功和智慧。

7. 蜕变：每个英雄的故事都有一个破茧成蝶的过程。

8. 带着礼物回家：带着新的认知和能力，回归日常生活，并分享成果。

一个喜欢安逸的人，可以少很多折腾，但每一个开启英雄之旅的人，会拥有更广阔的生命。《英雄之旅》一书中有一句话：“在你身体健康时，要抓住追梦的机会。”

导演饺子用天赋逆天改命，《哪吒之魔童闹海》以近200亿的票房改写中国动画电影的历史。我命由我不由天，每个人都有自己的天赋使命，找到了，你将所向披靡，开启开挂的人生。

天赋游戏

根据发现天赋的六个步骤和英雄之旅的八段历程，画出属于你的天赋宝藏图，标出1起点、2闯关（阶段目标）、3关键资源（克服英雄之旅障碍的协助者）、4实现梦想（清晰自己要什么）。

生活实践

- 以终为始，写出自己想要实现的梦想清单。
- 以未来十年为期，设计一张属于你的天赋寻宝图。
- 识别沉没成本，最重要的不是你经历了什么，而是未来能创造什么。

正念冥想：给自己“种”一棵天赋树

构建你的精神世界

我们生活在三维空间里，想要完成一件事情，可以自己做，也可以请人帮忙。但有一件事，唯独你自己能做，那就是构建自己的精神世界。这件事只有你一个人能做，因为没有人能走进你的潜意识里。《世界上最神奇的24堂课》这本书讲的就是如何建设精神世界里的心灵花园。

人们内在世界的和谐，会映射到外在世界，表现为良好的人际关系、舒适的生存环境、高效处理问题的能力和最佳的精神状态。这是所有伟大、健康、力量、胜利和成就的前提和必要条件。从精神层面讲，潜意识具有记忆储存功能，它如同一个巨大无比的仓库或银行，可以存储人生所有的认知和情感体验。潜意识是连接人类心灵和宇宙间无限智慧的一座桥梁。这本书中提到：“思想上的困扰是由于提供给显意识思想能量的通道不够顺畅，环境上的困扰是因为潜意识和宇宙精神的联系被破坏了，因为无法沟通而处于紊乱状态。”

反映在生活中的场景就是不要用错误的思维方式给你的思想添堵，这会对我们的生活带来破坏性的影响。要像清理屋里的垃圾一样，及时地清理掉你思想意识中的负能量。不要让你所在的空间，如家里、办公室处于凌乱无序的状态，这会让你的生活变得不和谐。一个人内在的信念是健康的保障，内在的富足会吸引外在的财富。孩子更是这样，会受周围环境影响，尤其是家庭环境，如果父母穿着打扮不修边幅，会影响孩子的审美，如果父母说话做事不够严谨，孩子也会应付学业，一个人认知中断或意识涣散就容易效率低下。

如何借助正念冥想“修剪”你的天赋树？

我每次给老师们上《天赋测评咨询师》的线下课时，都会和大家玩一个名为“天赋树”的游戏。这个游戏的开场是一段正念冥想，这不仅能给人带来极致的放松，更深层次的意义在于，人的思维波动如同水面涟漪，只有静下来，透过平静的湖面才能看到水下的景象。我们需要创造一些与自己相处的时空，一杯茶、一首歌、一炷香或一堂课都是媒介，可以屏蔽他人的期待和各种噪声，向内探寻自我的灵魂，并把不同时期的期待，以不同角色向外寻找外部世界蕴藏的机会。最终形成一棵过去、现在、未来完整清晰的天赋树，明确哪些角色藏在潜意识里，哪些角色是当下必须狠狠干的，哪些角色是未来去实现的。因为成年人的世界，我们往往不缺乏机会，而是欲望太多、顺序颠倒。如同家里的书或衣服本来是散乱一地，而现在用了书架和衣柜分门别类整理好，懂得安放自己的欲望，会更容易感受当下的幸福和美好。有时，一个游戏带给人的心灵启发远胜于讲道理的千言万语。

如何用天赋树为孩子做职业探索？

我们在天赋学苑的课程里，也会让孩子体验“天赋树”的游戏。在这个游戏里，孩子们先通过一段正念冥想让自己静下来，再通过对不同职业和角色的连接，明确自己长大后的梦想和职业方向，想成为什么样的人。他们按照如何建立我与自己、我与他人、我与世界的三个维度，构建出自己的天赋树，并对实现进入梦想学校的路径有清晰的认识。

徐凯文博士曾是北京大学心理健康教育与咨询中心总督导，他提出了“青少年空心病”概念并引发热议。他发现北京大学有30%的学生存在“空心病”，不知道自己要什么，不知道自己为什么而活。青少年厌学、“躺平”现象的背后，深层次的原因是对职业缺乏探索。所以，每年的《天赋少年领袖研学营》课程，我们都会陪孩子们进行职业探索游戏。安澄是目前年龄最小，却将这个游戏玩得非常好的孩子，他第一次来参加研学营时，刚刚上完小学一年级。我们惊讶地发现，他对自己未来的人生规划竟然是那么清晰。在连续三年都参加这个活动后，我们发现他的天赋树的大部分呈现是一样的，并没有太大的变化。其他的孩子也呈现了同样的情况。

玩职业探索游戏的过程，是在训练一个人洞悉未来的觉察力，是一个不断给自己的人生按下确认键的过程。这能让每个孩子的心灵之花绽放，让天赋的种子落地生根，并不断生长。

天赋游戏

天赋树有正反两面，一面用于青少年的职业探索，从八大智能的树干开始，孩子们可以根据自己的优势学科和兴趣特长展开。每个智能有三个分支，对应不同的未来职业。

而天赋树的另一面，是一个关于成年人如何做减法，梳理自己想要的和如何获得之间的路径，以及各项不同的天赋与能力之间如何互相支撑，帮助一个人较为轻松地实现自己的梦想。

生活实践

- 练习正念冥想：通过专注于当下，培养内心的平静和清晰，有助于减轻压力，提高自我认知和情绪管理能力。
- 在心里种一棵“天赋树”，明确自己当下的需求和未来的目标。
- 通过天赋树游戏，引导孩子进行一次职业探索，发现他们的天赋和热爱。

天赋树的正面

天赋测评：如何更好地了解自己和孩子？

科学测评，发现天赋，因材施教

关于天赋，教育先贤孔子提倡“因材施教”。苏格拉底也曾说过，教育，就是把一个人的内心引导出来，让他成为自己，指的就是顺着一个人的天性来引导他成长乃至成才。多元智能理论创始人、哈佛大学教授霍华德·加德纳提出了多元智能理论，他认为每个人身上都有八种不同的智能，分别是语言智能、逻辑数学智能、空间智能、音乐智能、身体动觉智能、人际认知智能、自我认知智能和自然观察智能。人们通常把优势智能称为天赋。

天赋测评是通过科学的方法和工具，评估个体在不同领域的天赋和潜力，帮助人们更好地了解和发展自己。天赋测评的核心价值就是提升一个人的自我认知能力。通过天赋测评，人们可以认识到自己的优势和不足，从而制订合理的发展计划，找到适合自己的学习和职业方向。

如何借助天赋测评更好地了解自己？

主流科学和哲学观点认为，先天天赋和后天努力之间存在一种互动关系。它们对彼此有着非常深刻的影响，就像你的身体，你在生活中的新体验和新技能会促使大脑产生新的神经通路和网络，大脑也会因此持续地进化。

拥有固定型思维模式的人总认为，智商和天赋这种特质是天生注定的，而且固定不变，需要一次又一次地证明自己。而拥有成长型思维模式的人认为，通过努力可以拓展自己的潜力和可能性。

发现天赋是一个过程，而不只是一次测试。我们在探索天赋这件事上可以做不同尝试，成功与否取决于你实现它的决心有多大。所以，对于成年人来说，发现天赋的关键是自己的态度，真正阻碍你的往往是你自己的想法。不要预设有种种障碍，因为它们可能根本就不存在。

如何通过天赋测评读懂孩子？

天赋测评的工具有很多，有基于遗传学的，如指纹、唾液等，有基于玄学的，如数字生命密码、生辰八字等。出于好奇，我也会带孩子去体验，结果往往出人意料。我们常用的天赋测评工具，是基于心理学和脑科学的测评，如问卷式的心理量表，它能精确地反映出一个孩子的兴趣爱好、减压方式、学科优势和职业倾向。而脑波监测仪通过大脑成像技术定位优势脑区，量化神经连接强度。例如，《自然·神经科学》杂志在2021年发表的研究显示，伦敦交响乐团小提琴手的听觉皮层厚度比常人增加23%。

测一测我的优势和天赋是什么？

一个孩子的天赋是与生俱来的，而性情气质往往是在成长的过程中逐渐形成的。天赋测评，不是为了给孩子贴标签，而是为了更好地发挥他们的优势，让每个孩子都能成为最好的自己。

生活实践

- 对自我认知智能高的孩子，父母的唠叨像是在往孩子的精神世界里丢垃圾。警惕没有觉知的语言和暴力沟通。
- 通过天赋测评，帮孩子找到兴趣特长、学习方法和减压方式，打造更适合孩子天赋成长的环境。
- 通过天赋测评，了解自己有哪些还未激活的天赋，提升生活幸福指数。

天赋社群：寻找志同道合的兴趣社群

活在天赋里是一种什么感觉？

当一个人活在自己的天赋中，他们会有极大的满足感和成就感。心理学上称之为“心流”的状态。例如，当一个人专注于一件事能达到废寝忘食的地步，这种“非理性沉浸”往往蕴藏着天赋。进入心流状态通常有以下感觉。

一、沉浸感

在从事自己擅长的事情时，完全沉浸其中，忘记时间的流逝。

当一个人以心流状态沉浸地去做一件事，往往是不累的，所以，那些爱学习的孩子学习时往往并不觉得累，而被父母逼着学的孩子最辛苦。

二、成就感

不断取得进步和成功，感受到强烈的成就感和自我价值。

如果你的孩子不擅长读书，你要看见孩子真正热爱的是什么。只要你有一双擅长发现孩子天赋的慧眼，每一个孩子都可以健康快乐成长，成为最好的自己。

三、内驱力

内心充满动力和热情，不需要外部的推动力就能自发地去努力。

人的动力分为两种：外部动力和内部动力。你可能会因为某些外部奖励而去做某件事情，比如报酬、解决某个实际问题，或者这就是你工作和学习中必须做的。但是，你也可能会因为很强的内部动力去做一些事情，因为天生的喜好，以及它能带给你的愉悦感和成就感。当我们有内部动力时，才能将事情做到最好。

为什么要寻找志趣相投的社群？

在《让天赋自由》一书中提到“天赋部落”一词，部落带有自然原始的味道。在古时候，部落指血缘相近的宗族、氏族结合而成的集体。现在，我们把志趣相投、有共同愿景的人称为部落。而在互联网时代，称之为社群。

与那些和你有同样天赋的人保持联系非常有益，能给你带来四种支持的力量：肯定、指引、合作和鼓舞。

一、肯定

找到你的“部落”，对你的兴趣和热情是最有力的保障。当你在一个有着共同兴趣的部落里，一起探索天赋，会比生活中亲友聚会多了一份彼此之间的理解和认同，这会不断地给你肯定，为你的人生按下确认键。

二、指引

部落成员能提供非常重要的指引，帮我们认清自己的路。让我们人生路上少很多迷茫和徘徊的时刻。

三、合作

当我们身边有更多良师益友同行，并相互支持，路就会越走越宽。顺应天赋需要巨大的决心和敏锐的直觉，部落能提供的资源之一就是互相支持合作，让我们产生源源不断的能量，激励我们不断向前。

四、鼓舞

找到你的部落会给自己带来巨大的鼓舞，看到志同道合的同伴有所成就，可以推动我们不断去突破自我，让自己更上一层楼。

优秀的老师或父母通常是三者合一，即提供情感认同的肯定者、传授知识的引领者、施加适度压力的挑战者。

怎样寻找属于你的天赋社群？

在寻找部落的过程中，要做不同的尝试：如果你想知道自己是否找到了天赋，就要先确认自己是否享受与之匹配的生活方式。尝试不同的“部落”就是为了让你从长计议，看看自己是否适合这种生活方式。当和一些与你有相同爱好的人在一起时，你会不会觉得更兴奋？当你在尝试新“部落”时，是否遇到过一些糟糕经历，或者让你不舒服的人和事？与之相反，你是否在以前从未想过的领域看到了一些机会？你是否会因此变得更兴奋？发现自己的“部落”并成为其中的一员，能让你的天赋显现，大放光彩。寻找自己的“部落”不是一个你能预测结果的线性过程，它是一个你只能不断培养和积累的动态过程。如果你的寻找很顺利，就会发现它能带来很多意想不到的新机遇。

现代人都以互联网而生，通过共同的兴趣和关注联结着同频的人，比如，喜欢玩音乐、喜欢艺术、爱好收藏、喜欢写诗等，可以像天赋部落一样以线上社群的方式存在，也可以像天赋荟线下沙龙一样办不同的主题活动。不管哪种方式，天赋社群存在的意义是提供一个可以让心灵休憩的家园。

天赋社群：天赋荟

可以按地域（服务链接）和领域（兴趣爱好）来组建专属的天赋荟社群。有喜欢唱歌的音乐荟，有擅长艺术的美学荟，有热爱舞蹈的天鹅荟，每一个成员在这里都像进入了“乌托邦”，做着自己擅长并且热爱的事。让每个热爱生活的人，都可以在这里得到心灵的滋养，并且“把爱传下去”，助力更多人“梦想成真”。

生活实践

- 在小区里组织兴趣沙龙，比如读书会、音乐雅集、体育活动等，让天赋有发挥的机会。
- 家庭成员之间讨论和交流，表达自己的想法、愿望和爱好，以获得支持。
- 每天腾出固定的时间，做自己擅长并热爱的事情。

跨越代际：家庭环境对孩子天赋的影响

我经常被问到一个问题：天赋和遗传的关系，怎样缔造一个富而有爱的幸福家庭？下面我们从遗传规律、文化基因、环境熏染三方面进行概要阐述。

天赋与遗传：解码生命潜能的双螺旋

基因并非天赋的唯一决定因素，它更像乐谱上的空白小节。哈佛大学 2018 年的研究显示，遗传对智商（IQ）的贡献度约为 50% ~ 60%，且这一比例随年龄增长而递减。英国的双生子研究证实，音乐天赋的遗传度达 78%，数学推理遗传度为 62%。

我们以 T（天赋）=G（基因）× E（环境）的天赋觉醒的黄金方程式，来看待世界上那些大家族的传承：美国洛克菲勒家族通过教育信托定制化课程激活跨代际潜能；贝努利家族三代涌现 8 位数学家，其家族晚餐时常以数学悖论为话题；梁启超一门三院士，九子皆成才，他以“趣味主义”培育了建筑学家梁思成、火箭专家梁思礼、考古学家梁思永等九位子女。他以《少年中国说》般的热忱为子女注入精神图谱，却从不预设具体结果。正是这种“定向突变”式的教育，让梁家子女在建筑、军事、航天等迥异领域绽放光彩。

文化传承：千年文脉的“自然流淌”

很多家族都设立了一个可传承的家训，这是文化传承对个人影响的体现。

我们为什么在家庭教育的咨询中要了解家庭成员的背景和成长环境？为什么在做孩子的教育规划时，要让父母也做一份天赋测评？因为父母自身也是孩子天赋成长的环境。

北宋苏氏父子为家学传承提供了生动的例证。苏洵放任苏轼、苏辙兄弟在眉山竹林间“不务正业”：苏轼研究琴谱音律时，苏辙正用树枝在沙盘上推演《战国策》的纵横术。看似散养，实则是一种精心设计的“文化孵化器”。当苏洵将自己苦读二十年的失败经验转化为开放式的家训，当程夫人用《后汉书》的故事替代传统女诫，苏门便成了“唐宋八大家”中唯一父子三人同列的传奇。更有趣的是，“三苏”文风大相径庭：苏轼如大江东去，苏辙似深潭静流，而苏洵则像险峰奇石。这印证了家学传承的奥秘：最伟大的家族教育，不是塑造继承人，而是让后代超越前辈。

突破策略：为孩子的天赋创造环境

韩国郑氏音乐家庭揭示了另一种传承逻辑：小提琴家郑京和、大提琴家郑明和、指挥家郑明勋三姐弟的成就，常被归因于“音乐基因”。但深究后你会发现，他们的妈妈李元淑的教育方式很有意思：她从未强制孩子练琴，而是在客厅循环播放巴赫与肖斯塔科维奇的作品，将晚餐对话变成音乐批评会，甚至允许郑明勋十岁时拆解钢琴研究声学共振。这种将音乐融入生活的教育方式，让天赋传承跳出了“技艺模仿”，将家变成了一个随时熏染天赋的染缸。郑京和的帕格尼尼协奏曲中那些刀锋般的颤音，实则是家族精神底色的变奏——既承袭了德奥古典主义的严谨骨架，又注入了朝鲜半岛的悲怆诗性。

天赋工具

童年记忆册：回溯童年热爱的那些“无用之事”，如拆解玩具、涂鸦、编故事等，这些往往隐藏着天赋线索（爱因斯坦5岁时对指南针的痴迷预示了他对物理世界的探索欲）。

生活实践

- 列出你10岁前最热衷的3件事。
- 列举1件你将兴趣转化为技能的事。
- 回顾家族中有哪些可以传承的技艺。

寻找差异：每个人都有一双隐形的翅膀

差异——找出“轻松超越他人”的领域

我们在学习、工作、生活中，应留意哪些领域是自己可以“轻松超越他人”的。当你在做某些事情时，你付出较少努力却比他人做得更好，这是天赋的信号。泰莎·基伯姆在其著作《隐形天赋》里讲道：“差异，就是潜在优势，趁早接纳自己的与众不同，在细分领域做到无可替代。独特的你注定去做只有你能完成的事。”

如何将差异变成绝对优势？不仅仅是别人眼中的优点，哪怕是某种与众不同的特质，如独特的嗓音，都将成为你独一无二的天赋。

每个人都有一双隐形的翅膀

我们生命中很多看似无法越过的困难，都会有一股力量在托举着你，陪你渡过难关，如同那首歌《隐形的翅膀》中所唱。那些隐藏在我们内心深处的天赋和热爱，能够在我们面对挑战和压力时，给予我们支持和力量，让我们不断向前飞翔。

隐形天赋人群是一个庞大的群体，包括那些在平凡生活中未被发掘天赋的人，以及因自身特质而与众不同的人，都应当被重视。他们是社会发展和创新的基础和机遇，是推动社会进步的强大力量。

《隐形天赋》中将隐形天赋人群分为三种类型：表现型——被赞美是我的动力，需要高成就来使自己感觉良好；独立型——只做有意义的事，在行动之前必须看到此事的价值或者对它感兴趣；非独立型——期待即阻力，不愿因接下来的期待而被评判。在表现型的人身上，可能有两种障碍，第一种是对失败的恐惧心理，第二种是完美主义。往往在面对重要的比赛时，表现出自我怀疑、不安和害怕失败的情绪。独立型隐形天赋的人遵循自己的道路，设定自己的目标，在人们对他没什么期待的情况下，取得成就。他们的障碍包括：在群体中因与众不同而被冷嘲热讽；在没有遇到障碍时过于自信，当他失去平衡时，会想要单飞。非独立型的人不想背负他人的期望，不能承担任何压力，寻求舒适区。如果他取得了（卓越的）成就，会担心别人对他下一次的表现报以期望，极度依赖所处的环境，需要信任与安全感（不适合创业）。

帮助人们找到自身具备的隐形天赋，成了我们“天赋测评咨询师”未来最重要的工作。

谁是你的伯乐？——生命中的贵人

我们人生中的第一位伯乐通常是我们的父母，他们用无条件的爱呵护我们成长。我们的爱人、朋友、伙伴、亲人，甚至孩子，都可以成为引领我们生命成长的伯乐。在这里，值得强调的是，我们工作中的领导、伙伴，学习时的导师，他们是我们生命成长中最重要的导师，我们也可以把他们称为生命中的贵人。

肯·罗宾逊在《让天赋自由》一书中提到导师的四个作用：

1. “识别”，发现我们以往没有被注意到的能力。

2. “鼓励”，让我们相信自己可以实现一些之前看起来不可能实现的目标。

3.“协助”，给我们提供建议和技术支持，帮我们纠正错误，引导我们发现天赋。

4.“督促”，让我们突破自我限制，不屈服于自我怀疑。

导师对我们的人生指导很重要，我们帮助他人履行自己的角色同样重要。有时，我们甚至会发现自己的真实天赋就是给别人做导师。

“用师者霸”，你生命中有哪些导师和贵人呢？

天赋游戏

以蜻蜓翅膀为图，设计一个“热爱指数榜”，分为“兴趣、热爱、诱惑、压力”四项。其中，兴趣指的是高热爱、低能力的区域，热爱指的是高热爱、高能力的区域，诱惑指的是高风险、高热爱的区域，压力指的是低兴趣、低能力的区域。

看一看，你的天赋动力和阻力分别在哪儿？要排除哪些干扰？

生活实践

- 给天赋创造环境和尝试的机会，当你做了自己想做的事情，就会获得意想不到的机遇。
- 画一个属于你的隐形翅膀，把具体的事项填入四宫格中，找到符合自身天赋的规划。
- 顺应天赋会让你精力充沛，除此之外的事都是在消耗你的能量。

时间分配表：打破惯性，重新分配时间

现代人的困境：信息爆炸与天赋淹没

任何天赋与成就都离不开时间的雕琢与积累，从孩子的兴趣特长到成年人的卓越成就，哪一个不是“台上一分钟，台下十年功”？那么，我们应该把有限的时间、精力用在哪里？如何深度觉察时间的流逝与分配？

当你完全沉浸在某件事中，忘记时间流逝，甚至忽略了外界的干扰时，你可能正触达自己的天赋领域。例如，莫扎特作曲时常常连续工作数小时而不觉疲惫。我们天赋教育的一个伙伴书翰，他妈妈说他小时候蹲在路边数蚂蚁都能数半天，中学时疯狂热爱化学，不仅在家里建化学实验室，甚至连走路、吃饭时都在思考化学问题，最终提前被清华大学录取。我在写书、做课件或上课时，也常常会有心流的体验，感觉每天都过得很快，也很充实。

“持续生长的好奇心”带动“无意识投入”的时间

我们不仅要觉察“无意识投入”的时间，还要关注“持续生长的好奇心”。

如果一个人对某个领域的问题总想深究到底，这种强大的内在驱动力加上“非功利性好奇”，往往指向其天赋所在。数学家高斯童年时自发发现等差数列求和公式即是例证。对孩子的培养，建议建立“好奇心日志”，记录每天最想探索的问题，半年后分析趋势。根据分析结果，持续专注于热爱的事，不断加强天赋优势。

警惕“信息茧房”，跳出认知舒适圈

一、什么是信息茧房？

信息茧房是指人们在信息获取过程中，由于过度依赖个性化推荐和同质化的信息源，导致认知和视野受限的现象。就像你刷视频、看新闻时，平台算法会根据你的喜好不断地推送同类型的内容，你就会陷入“信息茧房”，而忽略了其他重要信息，从而形成思维惰性和固执己见。

二、如何突破认知舒适圈？

我曾因事业上的重大挫折，在很长的一段时间里，只关注自己认知范围内的事。直到有一天，我和天使投资人马克交流时，他对我说：“龙英，我觉得你变了。”“啊，我变了吗？我一直都坚守初心啊。”他说：“你变笨了。”那一刻，我沉思了很久，开始重新规划自己的时间表，每天特意留出一段时间去研究国际形势和科技创新。这个改变，让我跳出我认知的舒适圈，去挑战新的事物。即使当我感到疲惫不堪，仿佛只有呼吸的力气时，也会想想《琅琊榜》里的男主角即便身负伤病，依然运筹帷幄的情景，强迫自己振作起来去做事，并尝试新的挑战和机会。

天赋游戏："时间分配表"

用大时间规划与时间颗粒度来提升自己的时间管理能力，审视你的有效创造价值时间。例如，记录一周内让你进入"心流"状态的活动（如创作、计算、沟通等），分析它们的共性。

通过分析和记录自己的日常时间安排，找出那些可以用来创造价值和发展的时间段。制订合理的时间计划，优先安排能发挥天赋、创造价值的重要和有意义的活动。

生活实践

改变你的时间分配，从而改变人生。

- 上周做你真正喜欢的事用了多少时间？
- 本周做你真正喜欢的事用了多少时间？
- 为了充分发挥你的优势，你打算采取哪些行动？

在生活的混沌中建立秩序

有秩序的空间是精神的锚点

如果一个人家里的物品摆放非常混乱，大概率他的能量场也是混乱的。古语说“一屋不扫，何以扫天下”，这是在教诲人们，想做一番事业，就要从做好眼前的小事开始。

我从小就有一个习惯，凡是我的私人空间里摆放的物品，即使蒙着眼睛，我也能快速地找到它所在的位置，哪怕是藏在箱子里的东西。这个习惯一直保持至今。但有一段时间却是例外，大约在2018年，一位深圳的朋友来我上海的家里，她走的时候，指了指餐桌上摆放的物品说：“亲爱的，你为什么要把这些东西放桌上呢？”这时我才意识到确实有些东西放在了不该放的位置。朋友走后，我下意识地检查了整个屋子的空间。那段时间工作也很忙乱，根本没有精力管家里，甚至就在那段时间，连从小就很自律的孩子，也会因为作业问题而经常拿反思卡。我立马意识到，我要时刻觉察自己的能量场是否处于宁静、喜悦、充满创造力的状态。

我是个行动派，立马开始清理空间，梳理工作中的轻重缓急，与沉没成本做“断舍离”，把当时看似有稳定现金流的儿童游乐和培训中心全部关店。后来，过了不到一年时间新冠疫情暴发，疫情期间，我安心地闭关写书、录课。

关系的经纬需要次第编织

人际关系能带给人美好，也会带给人烦恼。在我们老家，有位伯母因为经常给小儿媳夹菜，导致大儿媳认为自己不被这个家庭接纳而失落，后来加上其他矛盾离婚了。这是一件普通又普遍的小事，让我们更深一步探讨一下家庭中的次第关系。

比如，夫妻关系应优先于亲子关系以及原生家庭的父母关系。在这一点上，很多人容易错位。例如，很多女性有了孩子后，很大程度上会忽略和爱人的关系；很多母亲在儿子成年后，依然占据女主人的位置，导致儿子在婚姻中处于两难境地，哄了妈却得罪了媳妇。

但如果我们化繁为简，我们与世界的关系，如“我与自己，我与他人，我与社会”，可以总结为五个字：“性、情、名、利、子”。“性”是本性与本能，但有些现象让我们看到，有些习性天生就存在。“情”是连接，达照法师曾说：“感情，能够改变一个人的命运，特别是爱情。我们都看到，一个孝顺的人，能够改变一个家族，一个真正对孩子有责任心的人，能够改变孩子的命运。如果想改善你和家里人的关系，就要有一份情放进去。真正有情的人，一定能够改变他的环境。如果我们在面对一切时，能告诉自己四个字——‘心甘情愿’，就什么问题都没有了。”而对于“名”和“利”，每个人都有自己的追求，“子”是生命的延续。这五个字的排序和轻重，每个人在人生的不同阶段都不一样。难就难在这五个维度常常是有交集的，所以，孔子提倡“克己复礼为仁”。就是让我们管好自己的大脑，做到毋意、毋必、毋固、毋我。少些思维惯性带来的自以为是的推理，多些内心的清净与平和，我们的关系也会变得简单而美好。

前面我们讲到，有序的空间和良好的关系对一个人的精神与心理有着重要影响，而真正能爆发巨大生命潜能的人通常都很懂得在时间坐标轴上，清晰地规划出成长的里程碑。

2024 年法国巴黎奥运会上，潘展乐勇夺男子 100 米自由泳冠军，并以 46.80 秒的成绩打破世界纪录。他把不同时期获得的奖牌挂在自己床边的帐帘上，而最中间的 C 位是空着的，潘展乐说这个位置是留给奥运金牌的。一个个奖牌是他成长路上的里程碑，当一个人“集齐了所有，就只缺少那一个的时候”，会发挥出所有的力量也要拿到，那是超越一切外在世界荣誉激励的精神力量。

天赋游戏：五维幸福量表

请画一个五角星，在五个角上分别写上“性、情、名、利、子”，把每个角延伸的外围空间分成五个区域，把那些你平时特别在意的事情，按照分类填写在这个字边上的区域。最后看一看，哪个字上面你在意的事情越多，这就是你内心真正渴望的，也是你幸福感的来源。

生活实践

- 直面自己的欲望和需求，不要绕弯，以真诚直达的方式与他人平等友好沟通。
- 给孩子心理、时间、空间上留有足够空余，将更有利于孩子建立强大的自我。
- 把生命中那些重要的、美好的，那些让你想起来就很幸福的画面，顺着时间轴，建立一个个里程碑。每天给自己留15分钟去温习美好的画面，你可以播放喜欢的轻音乐，也可以点一根香、喝一杯茶。

天赋变现：用你的天赋去创造价值

天赋成长的时间与效率

《刻意练习》一书的核心观点是，通过足够高强度的刻意练习，几乎所有人都可以达到接近天才的水准。然而，如果我说“只要你跑得足够快，即使方向反了，也能到达终点，因为地球是圆的”，你认同吗？如果认同，我们忽略了一个重要因素，即生命的时长是有限的，孩子学习的时间也是有限的，所以，我们不如探索一下关于天赋发掘与成长的时间与效率。

天赋是一个人天生擅长的能力，能在相同的时间里取得更好的成绩。所以，无论是孩子的学习成长过程，还是我们选择工作就业，都应该关注：做什么是我内心热爱的，是我天生擅长的，是我一做就能比平均水平做得更好的。我们应该先找到天赋，然后再刻意练习。

尝试“最小成本试错”

冯唐在《成事》一书中提到：“我个人认为不要过分贬低天赋的作用，认为自己既然修炼了无上的成事能力，什么事儿都能成，天赋还是比后天的努力更重要。”而一个人的真正核心竞争力是从天赋里发掘出来的。

“普通人想成事，靠什么？……靠一个训练有素的自己。没有天赋，难成奇才，但没有天赋，不意味着没有成果。有一个好习惯，坚持做下去，也能见成果。比如曾国藩的书法和文学，虽然没有天赋，成不了王羲之、李白，但‘朝朝摹写，久不间断’，亦能写出够美观的字与文。”

在你一无所有的时候，别忘了你就是自己最大的财富，你本身具有的想象力和创造力，可以帮你在任何时候起步，尝试“最小成本试错”，小步快跑，快速迭代。

数字时代——AI 重塑天赋发现机制

在贵州山区，AI 正通过分析 4000 名青少年的瞳孔微颤，从数学思维盲区发掘出 23 颗“数理超新星”。在少儿编程平台上，代码轨迹经算法解析，可预判逻辑思维跃迁的黄金窗口；数据矿脉中往往埋藏着教练经验之外的认知富矿。

这场静默的革命正将天赋发现从云端带入人间。当每个个体的生物特征、行为熵值、神经可塑性都被转化为算法语言，那些曾被埋没的天赋少年，终将在算力加持下破土而出。这是文明为潜能觉醒者搭建的量子阶梯——在数字穹顶下，每一簇天赋火种都将找到专属的助燃方程式。

天赋游戏：把作品卖给陌生人

做一件自己擅长的事，以“最小成本试错”。天赋的另一种表现是有独特的创造力和价值，当你创作的作品有自己的风格，受到他人的认可和喜爱，有人愿意付费购买，这就说明你在这一领域有天赋。

生活实践

- 输入资源，创造环境：为孩子的天赋发展创造成事的条件。
- 内化活动，刻意练习：遵循10000小时定律，苦练基本功。
- 输出策略，天赋展现：聚焦做你擅长和热爱的事，并深耕该领域。

本章结语

发现天赋是一个探索自我、发掘潜能的过程，既需要向内觉察，也需要向外实践。本章结合心理学、教育学和成功者经验的九个方法，帮助你找到自己的独特天赋。

发现天赋如同挖掘埋藏的金矿，需要工具、耐心和勇气。记住：天赋不是等待被发现的固定答案，而是通过实践不断生长的生命可能性。从今天开始，用这九个方法开启你的探索之旅吧！当心理学揭示动机规律、教育学提供进阶路径、脑科学破解神经密码、社会学重构环境变量时，天赋开发不再是偶然的彩票，而是可计算的科学工程。本章提供的九个方法，正是这个时代的“天赋操作系统”——每个人都能通过输入个性化参数，输出属于自己的人生杰作。

第五章

藏着幸福密码的成就公式

当牛顿的苹果坠落前抖落虫蛀的叶片

达·芬奇用晕涂法解构光的微分方程

达尔文在龟甲纹路中瞥见演化的奥秘

他们站在人类长河的不同节点上

以各自的方式共赴同一场思想盛宴

剥离纷扰，破茧成蝶，活出自己的天赋

所有闪耀的成就，都是天赋原石被精确切割后，棱镜折射出的光芒

生命的奇迹不是增加璀璨，而是减去遮蔽，让内在的光芒显现

人生成就的密码：聚焦天赋，减少干扰

人生成就公式：R=T-I

如果把人生获得成就的过程，用一个公式概括的话，那一定是R=T-I。R代表人生结果（Result），T代表天赋（Talent），I代表干扰（Interference）。

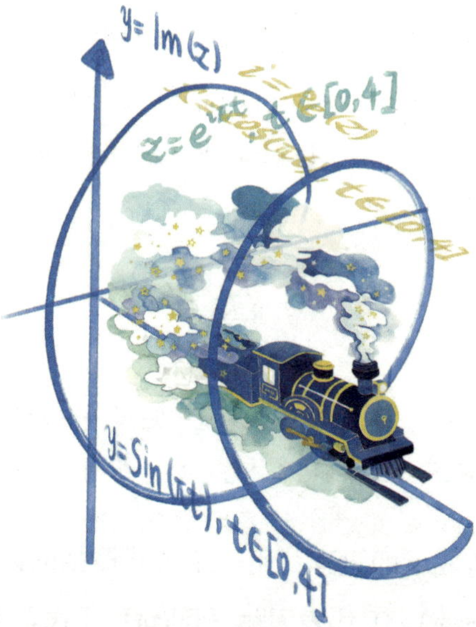

我们如何用“R=T-I”的减法公式实现人生最优解？答案是：聚焦天赋，减少干扰。

凡·高在嘲讽声中燃烧“星空”，尽管遭受贫困、精神疾病以及 19 世纪艺术圈的排斥，他仍以极致的色彩画出永不凋零的“向日葵”。

为什么大多数人一生都在为“干扰”买单？

为什么很多人越是在焦虑和迷茫中努力，离自己想要的幸福却越远？

本章通过名人发掘天赋的真实故事，结合公式拆解，直击现代人“内耗”的痛点，呼吁大家停止让世界干扰你的天赋。

聚焦天赋：找到你的 T，清零你的 I

数字时代，最珍贵的是人的注意力。美国著名作家斯蒂芬·柯维在

《高效能人士的七个习惯》中提出了“关注圈和影响圈”的概念。关注圈涉及个人关注的所有事务，包括健康、工作、经济、社会问题、娱乐新闻等。这些事务范围广泛，但个人不一定能直接对其产生影响。影响圈是指个人能够通过自身行为和决策产生实际影响的事务范围，是个体可以发挥主观能动性，使事情朝着期望方向发展的领域。高效能人士会专注于扩大自己的影响圈，将精力放在自己能控制的事情上，通过积极行动带来积极的结果，不断提升自己的效能和影响力，而不是将过多精力浪费在无法控制的关注圈事项上。孔子曾用10个字概括这一点：“君子求诸己，小人求诸人”。

要想成事，只有聚焦自己的优势，以刻意练习的态度，深度发掘自己的天赋。对于各种信息干扰，最好的办法是直接屏蔽。只有清零你的I，才能减少天赋的损耗。这也是为什么越成功的人越会做减法。

天才的“静音键”：警惕噪声干扰

我们生活在一个喧嚣的世界里，常常不得不面对三种噪声干扰：外部噪声（社会压力、舆论）、内部噪声（自我怀疑、焦虑）以及系统噪声（低效习惯、错误方向）。他人的建议、自我的评判，以及对纷繁复杂的工作事项的处理结果，都可能导致希望落空或在阶段性胜利后陷入长时间的等待，甚至从高处跌至谷底。此时，你或许无心应对那些人情世故，那就站在更高的视角看清这些噪声的来源，然后回归自己的本位。那些声音对你而言，只是山间的鸟叫虫鸣。减少负担，精简生活：简化你的生活方式，做忠于自己的选择。你的至暗时刻，可能正是天赋的入口。

天赋故事拓展

从成就卓越的先贤前辈们的成长历程中，探寻发掘天赋的方法，从他们天赋觉醒的契机中，观察他们的父母做对了什么。爱迪生少年辍学，因母爱呵护成为发明家、世界500强通用电气的缔造者；饺子因父母支持弃医从画，用天赋逆天改命，《哪吒》百亿票房改写中国动画史。那么，在陪伴孩子成长过程中，我们可以做些什么？

生活实践

提炼你的“减法策略”，建立你的“噪声屏蔽系统”。

- 物理层：数字极简（删除不常用App）、空间断舍离。
- 认知层：对消息群和信息分级（屏蔽→过滤→限时接收）。
- 能量层：每日给天赋“充电”，对过往的经历断舍离。

达·芬奇的跨学科创造力

斜杠青年与拖延症天才

在动荡的文艺复兴时期，每个攻下城堡的征服者问的第一句话是“达·芬奇在哪里？”，他们要么是达·芬奇的粉丝，要么是想让达·芬奇为自己的政权赋能。

提到达·芬奇，很多人第一反应是他是一位画家，很多人都知道达·芬奇画鸡蛋的故事。达·芬奇求职时，他这样介绍自己："我会修水利、造武器、懂工程，顺便画画也还不错。"全学科的好奇心与想象力成就了达·芬奇的天赋，他是文艺复兴时期最耀眼的"跨界火花"。他不仅是画家，还是解剖学家、工程师、建筑师、音乐家，这种跨领域的好奇心，让他能从人体肌肉的纹理中提炼出《蒙娜丽莎》的微笑弧度。我们来量化一下他的创造力：留存手稿 7200 页，涉及解剖学（240 幅人体解剖图）、工程学（潜水艇设计流速计算误差 ≤ 12%）、光学（《蒙娜丽莎》晕涂法笔触密度达每平方厘米 23 层）。他生活在动荡的文艺复兴时期，加上他永无止境的完美主义，导致他已完成的作品仅占创作计划的 15%。临终前，他凝视着未完成的《蒙娜丽莎》，喃喃自语："完美是诅咒，完成才是自由。"

达·芬奇与乔布斯的跨时空对照

当我们把达·芬奇的画作与乔布斯的苹果产品进行跨时空对比时，发现它们竟然如出一辙，都是科学与艺术的完美融合。达·芬奇的《最后的晚餐》《蒙娜丽莎的微笑》，乔布斯的极简定律：无论是电脑、手机还是耳机，甚至 iOS 数据验证滑动解锁动画时长都精确匹配人类期待阈值。通过达·芬奇与乔布斯的跨时空对照，我们解析了艺术与科学的终极协同效应，重建心智创造力。

为什么要培养孩子的跨学科创造力？

当 AI 挑战人类智能边界时，达·芬奇与乔布斯的事迹证明——真正的创造力永远诞生在艺术与科学的"交界处"。在人们担忧人工智能发展会带来失业问题时，他们的认知提示我们：对抗 AI 碾压的不是人类要拥有更强大的算力，而是保持人类特有的神经混沌状态，在精确与模糊间织就创新之网。这既是文艺复兴的终极密码，也是未来人机共生的唯一出路。

天赋故事拓展

达·芬奇的挣扎与觉醒，为每个斜杠青年指明了道路——真正的天赋觉醒者，从不在多线程中自我感动，而是在熵减中创造秩序，在个人利益与国家民族之间作出清晰抉择，正如钱学森先生在诱惑和阻挠中坚持回国，成为“中国导弹之父”。

生活实践

- 拿一页纸，将自己感兴趣或要完成的事项分为四类：高价值—高热情、高价值—低热情、低价值—高热情、低价值—低热情，只保留第一象限高价值—高热情的事项，其余委托、外包或放弃。

牛顿在苹果树下的顿悟

他用物理天赋引领人类科技文明三百年

1666年，牛顿在苹果树下被坠落的果实启发，开启了人类认知宇宙的革命。他通过数学证明：支配苹果落地的力量与维系行星运转的力本质相同，由此发现了万有引力定律，并创立了三大运动定律，构建起经典力学体系。他发明了微积分工具，将自然规律转化为精确的数学语言；通过棱镜实验揭示光的色散原理，革新了光学理论；发表的《自然哲学的数学原理》系统阐述了运动与引力法则，奠定了现代科学方法论。这场“顿悟”不仅是物理学革命的起点，更将人类从蒙昧直觉引向理性认知，其开创的数理分析范式深刻塑造了三百余年科技文明的发展轨迹。

妈妈“无为而治”，培养出物理学家牛顿

每次遇到盯着孩子写作业的家长，我就会给他们举牛顿的例子。牛顿的妈妈不识字，而牛顿却成了伟大的物理学家。因为他妈妈做对了一件事，以无条件的爱呵护孩子的天赋，允许孩子自由探索。

1643年，牛顿出生于英格兰。少年时的牛顿并不是神童，他成绩一般，但他喜欢读书，还分门别类地记读书笔记。他喜欢看一些介绍各

种简单机械模型制作方法的书籍，并从中受到启发，自己动手制作一些奇奇怪怪的小玩意儿，如风车、木钟、折叠式提灯等。

传说小牛顿把风车的机械原理摸透后，自己制作了一架磨坊的模型，用老鼠来驱动轮子不停地转动。有一次他放风筝时，在绳子上悬挂了小灯，夜间村里人看去，惊疑是彗星出现；他还制造了一个小水钟，每天早晨，小水钟会自动滴水到他的脸上，催他起床。他还喜欢绘画、雕刻，尤其喜欢刻制日晷，家里的墙角、窗台上到处是他刻画的日晷，用以验看日影的移动。

随着年龄的增长，牛顿越发热爱读书，他喜欢思考和做科学小实验。在金格斯皇家中学读书时，他寄宿在一位药剂师家里，受到了化学实验的熏陶。牛顿在中学时代学习成绩出众，对自然现象充满好奇心，如颜色、日影四季的移动，尤其是几何学和哥白尼的日心说等。

后来，牛顿成长为著名的物理学家，并担任英国皇家学会会长，是一个百科全书式的“全才”。牛顿在1687年发表的论文《自然定律》里，对万有引力和三大运动定律进行了描述。另外，他还提出了牛顿运动定律，发明了反射望远镜，发展出微积分学，并提出了“牛顿法”以求解函数的零点以及金本位制度。

怎样养娃不费钱又不费妈？

我的好朋友、天赋学苑的导师路娜老师，她的女儿小徐几乎没有上过补习班。遇到不懂的问题，她就自己上网搜索各种视频资料。在2022年上海市中考中，满分750分她考了740分，真正做到不费钱也不费妈。这是怎么做到的呢？关键在于她妈妈做到一点：任何时候都选择相信并支持孩子。有一次，我们一起吃饭时，我问小徐：“你是怎么做到每一科都接近满分的？”小徐说：“在做错题时，我会整理错题本，检查自己错在哪里；在做对的题上，我会思考研究这题我为什么做对了。”拥有自主深度探索学科的兴趣和能力，这恐怕就是普通孩子和优秀孩子的最大区别。

天赋故事拓展

牛顿凝视苹果坠落的瞬间，用数学驯服了宇宙的混沌；马斯克仰望火星时，以代码重构了星际征途。相隔四百年，他们以截然不同的姿态擎起了同一把理性的火炬：前者在静谧的书房中推导万物法则，后者于狂想的实验室中点燃了技术革命。一个奠基了经典力学之柱，一个拆解了现实与未来的边界，但内核始终未变：人类以逻辑为刃剖解未知，用创造对抗熵增。这场跨越时空的对话，让我们看到了文明传承的理性之火，照彻蒙昧，灼烧出文明永续的微光。就像电影《云图》所展示的，我们的精神遗迹将会照亮后来的人，一代又一代。

生活实践

现代焦虑家庭的通病是，父母对孩子管得越多，孩子越叛逆。过度控制孩子容易导致三大问题：

- 父母过多干涉孩子的生活和学习，导致孩子缺乏自主权，严重缺乏独立性和自我管理能力。
- 压抑孩子的个性和情感，使他们感到窒息，增加亲子相处的压力。
- 父母的过度管控会限制孩子的自由表达和发展，使他们无法发挥自己的天赋和潜力。

音乐天才莫扎特的永恒快乐

莫扎特"特高产"

莫扎特是古典音乐史上最耀眼的天才之一，他的音乐才华、创作速度和作品深度至今仍被视为人类艺术的巅峰。他 5 岁开始谱曲，7 岁开始欧洲巡演，15 岁时获得骑士勋章与宫廷乐长头衔。莫扎特丰富的生活经历为他的音乐创作提供了源源不断的灵感，他在不同国家和文化中的体验，使他的音乐风格多样而独特。从神童到音乐大师，在他不到 36 年的人生中，创作了数量惊人的作品，为世界留下了几百篇震撼音乐史的不朽杰作。

音符与旋律中藏着永恒的希望

莫扎特有着极强的情绪转化力并专注于创作，即便上一刻还在泪流满面地给朋友写借条，但是一转身就能投入到极致的作品创作中。在他生命最后的时刻，受一个贵族伯爵之邀创作《安魂曲》，莫扎特还能兼顾《魔笛》和《狄托的仁慈》两种完全不同的风格。

他的所有作品几乎都充满快乐的音符，即使在生命最后时刻所创作的《安魂曲》，整部作品中也没有丝毫的绝望，反而充满了温柔、爱意、和解与平和之感。这部作品的氛围遥相呼应了《费加罗的婚礼》最后一

幕所体现的宽恕和接纳精神。莫扎特是个内心非常温柔、平和的人，他希望世界和平，相信阶级之间的各种争斗是可以用音乐来解决的。莫扎特从来没有长时间心怀怨恨，很难想出还有哪两部作品会像《费加罗的婚礼》与《安魂曲》这样迥然不同，却传递了相同的信息，或者说在某些意义上，是他一生的主题——“永远不要绝望”。

怎样培养孩子快乐的人生底色？

莫扎特的父亲“以热爱为底色，以自由为养分”，带着小莫扎特游历欧洲，在音乐的浸润中唤醒天赋，却未将技巧凌驾于童真之上。旅途中，他让孩子观察市井、创作童谣，将音符化作探索世界的语言。真正的快乐教育，是点燃兴趣而非灌输目标：父母应作为观察者，发现孩子眼中的光，用游戏化的方式提升其专注的愉悦；作为陪伴者，在尝试中接纳失败，让成就感源于内在热情而非外部评价；将学习转化为发现美、表达爱的生命体验。正如莫扎特的书信中跃动的童心，唯有守护孩子对世界的好奇与创造的冲动，让才能生长于自由的土壤，人生底色才会始终闪耀温暖的光芒。

天赋故事拓展

莫扎特的音符如林间晨露，折射出未被世俗浸染的童真幻境；巴赫将数学融入赞美诗，让信仰在复调中升腾为星空；贝多芬以命运的叩门声撕开黑暗，让绝望者听见火山爆发般的生命力；肖邦则把故土月光凝成24首前奏曲，让流亡者的孤独化作永恒乡愁。这些迥异的旋律，或庄严如神殿，或暴烈如飓风，却在人类精神穹顶交汇——当琴键落下时，我们触摸到的不仅是音符，更是文明用痛苦与欢愉镌刻的灵魂密码，在星河间回响！

生活实践

- 浸润多样旋律：日常播放多元风格音乐，引导孩子用拍手、踏步感知节奏韵律。
- 鼓励即兴创作：提供锅碗瓢盆等“乐器”，允许孩子自由敲打哼唱，消解对“错误”的恐惧。
- 联结情感共鸣：将音乐融入生活场景（如在快乐时编舞），让旋律成为情绪表达的语言。

火焰与烛光，照亮世界的不同姿态

做一棵大而无用的树

《庄子·山木》中记载，庄子行于山中，见大木枝叶茂盛，伐木者止其旁而不取。问其故，答曰："无所可用。"庄子曰："此木以不材得终其天年。"做一棵大而无用的树，在世人皆追名逐利、以有用为尊的时代，庄子看穿了世俗对"有用"的狭隘定义，那不过是功名利禄的附庸。

做一棵枝叶舒展、自然生长的树，虽没有被匠人看上制成精巧的家具，也未成为栋梁之材，却保留了内心的本真与自由，为人们撑起一片清凉的绿荫。

在电视剧《我的阿勒泰》中有这样一段对话，李文秀问："妈妈，我虽然笨手笨脚，但还是个有用的人对不对？"妈妈说："啥叫有用？生你下来是为了服务别人的？你看看这个草原上的树啊、草啊，有人吃有人用，便叫有用。要是没人吃，它就这样待在草原上也很好嘛，自由自在的嘛！"

"无用之用，方为大用。"

富兰克林的“向上社交”

在18世纪的费城印刷所里，富兰克林蘸着油墨书写《穷理查年鉴》。这位戴着眼镜的实用主义者深谙向上社交的奥秘——他创办共读社时，特意邀请鞋匠、瓦匠与律师同席，让思想的火种在不同阶层间碰撞。当欧洲贵族还在沙龙里谈论诗歌时，他已将晚宴变成社会改良的实

验室：在威士忌与烤鹅的香气中，费城第一家图书馆、消防队和大学的蓝图相继诞生。向上攀缘的藤蔓未必虚荣，当它在《独立宣言》的签名处绽放墨迹时，人们才惊觉那些精心编织的人脉网络，已化作托举新大陆文明的绳梯。正如《道德经》中的智慧“万物皆为我所用”，而伟人的落点在于“所用为众生谋幸福”。

生活实践

- 每天把一个独立完整的时间段留给自己，懂得与自己相处，做自己热爱或擅长的事情。
- 清理掉“求认可”的念头，不去抓取别人的注意力，关注自己，你若盛开，蝴蝶自来。
- 不陷入“对爱的需求和担心失去爱的恐惧”中，关系的核心是爱与信任，放下依赖、控制与怨怼，对一切关系“缘起珍惜，缘尽感恩”。

单身母亲在质疑声中战胜逆境，成就文学奇迹

从领救济金到登上富豪榜

J.K. 罗琳是一位英国作家。1997 年 6 月，她出版了“哈利 · 波特”系列第一本《哈利 · 波特与魔法石》。2001 年，美国华纳兄弟电影公司决定将这部小说搬上银幕。2003 年 6 月，她创作出该系列的第五部作品《哈利 · 波特与凤凰社》。2004 年，罗琳荣登《福布斯》富人排行榜，她的身价高达 10 亿美元。截至 2008 年，“哈利 · 波特”系列 7 本小说被翻译成 67 种文字，在全球发行 4 亿册。2017 年 6 月 12 日，美国《福布斯》公布了 2017 年度全球百位名人榜，J.K. 罗琳排名第三。2017 年 12 月 12 日，J.K. 罗琳被英国皇室授予“荣誉勋爵”称号。2020 年 3 月 16 日，J.K. 罗琳以 75 亿美元的财富位列《2020 胡润全球白手起家女富豪榜》第 87 位。

J.K. 罗琳有个懂得呵护天赋的妈妈

J.K. 罗琳于 1965 年 7 月 31 日出生于英国的格温特郡。她的父亲是飞机制造厂一名退休的管理人员，母亲是一位实验室技术人员。父亲一直想要一个儿子，所以她出生后父亲对她略带失望的爱，让她格外敏感，再加上小时候的她相貌平平，一脸雀斑，同龄的孩子一直不愿意和

她玩耍，这让她感到孤独。罗琳小时候非常爱学习，妈妈每天都会给她讲故事，她对故事充满好奇，总想知道故事里的人物后来怎样了。罗琳从小就对魔法着迷，她会把自己装扮成巫师：头戴尖尖的帽子，身穿黑色披风，骑着扫帚。妈妈也总是配合着罗琳，跟她一起疯、一起玩。她在 6 岁时写了一篇跟兔子有关的故事，而听故事的对象就是她妹妹黛安。妈妈发现了女儿的语言天赋，就鼓励她，“尝试做每一件事，找出适合自己的，舍弃其余自己不擅长的”。1983 年夏天，罗琳高中毕业，参加了牛津大学的入学考试。牛津大学是罗琳的梦想学府，但她被牛津大学拒绝了。妈妈安慰罗琳：“你仍然可以写作，没有什么可以阻止你写作。”

活出天赋是对苦难的复仇

1989 年，24 岁的罗琳在从曼彻斯特前往伦敦的火车上，看到窗外一个瘦弱、戴着眼镜的黑发小巫师对着她微笑。他的出现使她萌生了创作哈利·波特的念头。虽然当时手边没有纸和笔，但她已经开始天马行空地想象。于是，哈利·波特诞生了——一个 11 岁的小男孩，瘦小的个子，乱蓬蓬的黑色头发，明亮的绿色眼睛，戴着圆形眼镜，前额上有一道细长、闪电状的伤疤。

1994 年，罗琳拿着政府每周 103 美元的救济金，一边照顾女儿一边开始创作她的“哈利·波特”系列。母女俩住在一个连暖气都没有的小公寓里，罗琳天天为付不起的账单发愁，贫困和抑郁时常侵袭和干扰她。她除了维持基本生活和照顾女儿外，全身心扑在写作上，好不容易完成了第一本手稿，却连续被 12 家出版社退稿。整整两年无人愿意出版，最后终于有一家出版社愿意出版，初版首印只有 500 册。1998 年，华纳兄弟电影公司主动找到了罗琳的出版代理，以 100 万美元的价格购买了《哈利·波特与魔法石》的电影改编权，而后，“哈利·波特”成长为近 20 年来全球最大的 IP。

当罗琳在爱丁堡的咖啡馆里，用婴儿车隔绝社交干扰，用心创作时，总有人讥笑她：“单亲妈妈还在做作家梦？”她却坚信：“最黑暗的干扰，才能让魔法显形。”把救济金账单垫在手稿下完成了她的著作。

后来，“哈利·波特”系列电影全球爆火，全世界的孩子举着魔杖对她喊：“呼神护卫！”这是天赋对苦难的最好复仇。

天赋故事拓展

当诗仙醉卧云端，挥毫泼墨成银河，落入凡尘活出“天生我材必有用，千金散尽还复来”的豪迈，泰戈尔的飞鸟衔着晨光穿越迷雾，鲁迅以犀利的文字唤醒民族灵魂，莎士比亚凭戏剧篇章演绎世间百态，他们是语言的天才、文学的巨匠，用文字打破时空的界限，承载人类最脆弱的真诚，延续文明，在浩瀚时空镌刻出永不坠落的星辰。

生活实践

如何培养孩子的想象力和语言表达能力？

- 多读绘本故事，利用睡前时光，通过亲子阅读互动，引导孩子联想画面与情节。
- 开展情景模拟游戏，让孩子在角色扮演等活动中自由发挥、即兴表达。
- 鼓励孩子编故事，肯定他们天马行空的想象力，引导孩子描述自己的作品内容。

被误认为多动症的舞蹈家

当学校给孩子贴了“多动症”的标签

在吉莉安·林恩8岁那年的一天，她神色忧郁地递给母亲一封信，母亲认为吉莉安在学校又闯祸了。信里说吉莉安上课时总是坐立不安，难以集中注意力，这给学校的教学带来很大的不便，老师怀疑她有多动症，并且认为她有学习障碍，建议带她去看医生。收到学校的来信后，吉莉安的父母大为震惊。他们怀着忐忑不安的心情带她去看心理医生，希望能为她做一个准确的诊断。

心理医生的慧眼发现了吉莉安·林恩的舞蹈天赋

心理医生把吉莉安带到房间的另一头，让她坐在一张巨大的皮沙发上。吉莉安把双手压在屁股下，强耐着性子坐了20分钟。在这段时间里，心理医生一直在向吉莉安的妈妈询问吉莉安在学校的情况。他并没有直接问吉莉安任何问题，但是从头至尾一直很仔细地观察着吉莉安的举动。最后心理医生对吉莉安说：“吉莉安，你妈妈和我谈了你的所有事情，现在我想和她单独谈谈，我们就出去几分钟，别担心，我们不会走太远的，你在这儿等着，我们很快回来，好吗？”早已忍不住的吉莉安痛快地点了点头。但是当他们离开的时候，心理医生打开了唱片机。

他们走到房间外的走廊上，心理医生对吉莉安的妈妈说：“就在这里站一会儿，看看她要做什么。”吉莉安等他们一出去就站了起来，长长地伸了个懒腰，当她听到收音机里的歌声，便随着旋律移动步子，翩翩起舞，一直没停。两个大人被这个女孩表现出的魅力惊呆了。任何人都能注意到，吉莉安的动作中有一些天生的，甚至是原始的东西，正是这些东西让女孩的脸上展现出了快乐。见此情景，心理医生转向吉莉安的妈妈，说：“如您所知，林恩夫人，吉莉安没有病，她有舞蹈的天赋，送她去舞蹈学校吧。”吉莉安后来去伦敦皇家芭蕾舞学院试演并加入了皇家芭蕾舞公司，成了一个独舞者，并在全世界表演，还创作了闻名世界的舞蹈和音乐剧等。

如何区分“天赋儿童”和“问题孩子”？

那些被诊断为多动症的孩子，他们的父母可能会发现，孩子在学习时很难集中注意力，但一旦他们开始做自己喜欢的事情，常常可以持续几个小时。他们可能是在作曲、写诗、和小动物玩耍或者做实验，他们在自己的天赋上，没有丝毫多动症的症状。如果父母、老师等都能采纳或按照更广义的学习风格去看待孩子的行为，我相信大量的多动症病例将不再焦虑于狭义上的康复。

当一些孩子被疑似多动症时，我们可以从以下三个维度识别“天赋儿童”和“问题孩子”。

一、认知与行为的矛盾性

天赋儿童常表现出“认知超前，行为滞后”——他们能快速理解抽象概念，但可能因思维跳跃而显得心不在焉；问题孩子的行为异常（如攻击性、过度沉默），年龄与认知能力不匹配，缺乏明确的内在逻辑等。

二、情绪能量的指向

天赋儿童的“叛逆”常针对思维束缚（如质疑教学规则合理性），其能量导向创造；问题孩子的情绪爆发更多指向人际冲突（如故意破坏集体活动），能量呈消耗性。

三、社会规则的解构方式

天赋儿童会创造性重构规则（如用数学公式证明校规漏洞），展现批判性思维；问题孩子多简单破坏规则（如逃课打游戏），缺乏建设性意图。

两者都偏离常态，但天赋儿童是“系统的解谜者”，其非常规行为暗含内在逻辑；问题孩子是“系统的失序者”，其行为与思维存在断裂。

教育者需穿透表象，看见非常态背后的思维轨迹，避免用统一标尺误判孩子的潜能。

天赋故事拓展

当迈克尔·杰克逊的月球漫步“挣脱”地心引力，羽生结弦将冰面裂纹谱成律动的和弦，杨丽萍用灵动舞姿诠释民族神韵，他们凭借天赋与努力，在各自领域绽放光芒，成为传奇。从他们身上，我们窥见了天赋最本质的形态——那些被基因镌刻的非凡才华，终将在汗水的淬炼中超越肉身。他们以肌腱为琴弦，骨骼作节拍，让人类的力与美突破语言桎梏。最古老的文明密码，始终藏在每个孩童第一次踮起脚尖触碰天空的刹那。

生活实践

- 发现孩子天赋的往往是父母，有时是老师，偶尔是某个“第三方”，如心理医生。
- 在孩子展现出运动或舞蹈等天赋时，应创造支持的环境，增强他们的自信心和成就感。
- 鼓励孩子参与各种活动，观察他们在这些活动中的表现，或者通过专业的评估工具和方法，系统识别孩子的天赋，了解他们的优势和潜力。

达尔文的“上帝视角”与袁隆平的“量子之眼”

达尔文的“上帝视角”

达尔文，1809 年出生于英国，作为生物进化论的奠基人，他拥有“上帝视角”般的宏观视野。他对自然界充满好奇，乘坐“贝格尔号”进行环球航行期间，广泛观察和采集物种标本。回国后，经过多年研究，于 1859 年发表了《物种起源》，提出了生物进化论学说。这一理论打破了“神创论”和“物种不变论”的传统观念，揭示了生物进化的规律，为人类文明的进步留下了浓墨重彩的篇章。

达尔文天生痴迷于物种的细微差异，如加拉帕戈斯的雀鸟在他眼中就是跃动的诗行。父亲怒斥他“游手好闲”，教会威胁要对他进行“异端审判”，连挚爱的妻子都跪求他放弃。但是他坚持 20 年不放弃，用时间与执着筑起一道防干扰的城墙，完成了天赋使命。

袁隆平的“量子之眼”

袁隆平院士，1930 年出生于北京，被誉为“杂交水稻之父”。他凭借如“量子之眼”般专注而敏锐的目光，洞察水稻生长的奥秘。在动荡年代，目睹了饥荒给人们带来的苦难，他立志用农业科学战胜饥饿。他几十年如一日，扎根田间，不惧风吹日晒，反复试验。从发现“野败”

雄性不育株，到成功培育三系法、两系法杂交水稻，袁隆平让水稻产量大幅提升，解决了中国十几亿人的吃饭问题，为全球粮食安全作出了卓越贡献。他的贡献不仅是技术上的突破，更是对人类生存尊严的捍卫。

在数字洪水中打捞灵性

面对电子产品和短视频泛滥，我们如何在这数字洪水中保护孩子的童真和灵性，回归本原的教育？我们可以用苔藓拓印替代平板涂鸦，带放大镜追踪蜗牛散步的足迹，将手机变成“自然扫描仪”，拍摄并分类命名。让蚂蚁的行军路线成为自然的课堂，筑起一道数字洪流无法冲垮的堤坝，当孩子感受梧桐落叶在秋风中旋转飘落，那是算法永远无法复制的，属于人类独有的栖息湿地。

天赋故事拓展

伽利略在审判庭的阴影里打磨镜片，将星辰刻入瞳孔；屠呦呦翻阅发霉的帛书，从青蒿褶皱里析出救世的星光；林奈用仅有的三枚铜币支撑整个植物分类帝国；法布尔跪在贫瘠沙地三十年，听见甲虫鞘翅振响宇宙的弦音。

他们是“自然的拓印者”，对嘈杂世界选择性失聪。当流言如藤蔓绞杀真理的胚芽，他们将偏见锻造成撬动世界的支点——所有伟大的发现与真理，都藏在万物拒绝言说的褶皱里。

生活实践

- 走进自然，如公园、郊外，聆听风的声音，感受海水漫过脚丫的清凉。
- 再忙的时光，都要抬头看一看每天的日出与晚霞。
- 焦虑时，观察鱼儿的游动，闻一闻玫瑰的芬芳，让自己静下来。

王阳明的抗挫折能力

没考好被嘲笑怎么办？

很多孩子都担心自己考不好被嘲笑。在古代，对于普通家庭的孩子来说，承受的是正常的压力；而对于状元家的孩子来说，压力更是巨大。我们来看一下王阳明的成长故事。

王阳明出生于1472年，他的父亲龙山公是状元。少年时期的王阳明就显露出不凡的志向，血液里流淌着儒释道的哲思。但他在科举考试上却屡遭挫折，两次科考失败，街坊邻居都嘲笑他，他却说："世以不登第为耻，吾以不登第动心为耻。"别人都以考不上为耻，他却认为因为没考好就放弃才可耻，以此来安慰同样落榜的人。在他心中，有个比考中状元更远大的梦想，那就是成为圣人。

挫折是礼物——龙场悟道，创立心学

王阳明28岁那年终于考中进士，但在34岁时却遭人陷害，被贬至贵州龙场。

1508年的贵州龙场，毒瘴弥漫的驿站里，王阳明躺在石棺中参悟生死。贬谪途中的追杀、南蛮之地的虫蛇、士大夫尊严的粉碎，这些剧痛如凿刀般击碎了旧理学框架。正是在对"圣人处此当何为"的极致逼

问中，他触到了被程朱理学遮蔽千年的真相：真理不在竹简典籍，而在每个人生而具足的良知里。他领悟到“圣人之道，吾性自足”。

龙场的孤寂，恰似命运精心包装的荆棘礼物，透过苦难的炼金术——“心即理”“知行合一”在龙场暗夜的石棺中淬火成形。真正的光明，往往诞生在至暗时刻对人性深渊的凝视里。他在龙场瘴雾中觉醒——38 岁的王阳明龙场悟道，创立心学。

此后，他凭借心学理念，不仅在思想领域独树一帜，还在军事上取得了卓越功勋。平定宁王之乱时，他以非凡的智慧出奇制胜，仅用四十余天成功平叛，挽救国家于危难之中。

王阳明文武双绝，开宗立派，立功、立德、立言。龙场悟道不是顿悟，是干扰撕碎肉身时，灵魂终于听见天赋的呐喊。圣以自燃发光，他是以“吾心光明”照亮历史长河的孤勇者。

天赋故事拓展

孔子绝粮于陈蔡，却将颠沛铸成《春秋》；王阳明贬谪龙场，以石椁为舟，心学渡人；稻盛和夫濒临破产，用信念煮沸绝望，铸就经营之圣的冠冕。

挫折对于伟人来说，如同大雪压青松，因为他们深谙：命运投下的阴影越浓重，恰证明生命内核的光芒愈炽烈——心光破茧，终将穿越所有阴霾，迎接璀璨未来！

生活实践

- 问初心：不被欲望裹挟（时刻审视自己的心性，取予有度）。
- 向内求：不受他人左右（每个人的建议都带着自己的立场）。
- 看方向：不因机会迷失（不为眼前小利而放弃自己的梦想）。

本章结语

人生是一场无限游戏，没有固定的规则、明确的对手和预设的终点。天赋如同这场无限游戏中最神秘的变量，等待被每个独特的生命点燃。

达照法师在《退一步，并不难》中有一句话："把弯路走直的人是聪明的，他找到了捷径，把直路走弯的人是豁达的，他多看了几道风景。"天赋的发现或早或晚，但只要你觉知它的存在，就懂得以正确的方式给生命注入核心力量。

后记

感恩一路有你

热爱教育，仿佛早已刻在我的心灵深处。翻开中学时的日记本，里面收集的满是先贤的哲思。记忆中，每逢过年过节，面对家人们齐聚的热闹场面，我常常会莫名地陷入孤独，思考“我是谁，我从哪里来，我要去向哪里？人生的意义是什么？”，甚至有时会躲在某个角落伤感。父母说我最多的一句话是“你怎么就这么特别？”，这句话我曾一度理解成一种批评。

小时候，我总喜欢站在高山上眺望远方，清晨的云海日出，傍晚的漫天红霞，透过枝丫看山间明月，在夏日一片蛙声中仰望星空。小时候，我看过最美的景，听过最灵动的故事，那就是关于彩虹的故事。每到雨后出现彩虹，爷爷会告诉我，那是天上的龙口渴了下凡喝水，于是我会迎着彩虹一直跑到小溪边，想看看它喝水的样子。

我的青春期很叛逆，也曾对自己有过诸多的评判，甚至一度认为自己不适合结婚生子，因为担心自己不稳定的情绪会影响另一个人的幸福，更怕生出一个跟我一样多愁善感的娃。幸运的是，我遇见了我的爱人，当我决定要迎接一个孩子的到来时，也做了另一个决定，去做一个教育的实践者。当时，我萌生了一个非常理想主义的想法：用无条件的爱和顺应天赋的教育方式去陪伴孩子，我要尽可能地减轻孩子成长的痛，培养出自信有爱的孩子。如今，我如愿完成了与自己的约定。大家熟知的我，有两个标签，一个是即将年满 18 岁阳光开朗高中生的妈妈，另一个是十几年如一日的教育实践者。15 年来，我对教育孜孜不倦的探索，在自己的孩子身上看到了可喜的成果，他积极上进，有责任担当，充满梦想。同时，也看到我的伙伴们、朋友们、学员们的孩子阳光开朗，心中有爱，眼里有光。这就是我们追求的教育梦想，愿更多的人活出天赋绽放的幸福人生。

正如那句话说的，因为自己淋过雨，所以，想给别人撑把伞，而这把伞一旦撑开，似乎便有了自己的生命力。这份事业总能在不同的阶段，吸引志同道合的同行者。

在此，我想对我的亲人、伙伴和朋友们表达深深的感恩。你们是陪伴我生命成长的良师益友。我很幸运，父母的恩爱教会了我如何在婚姻中学会包容，爱人的理解和孩子的懂事，让我有了更多时间可以投入工作。我们边创业边做教育的创新实践，从“多元智能益智玩具”到“天赋魔盒”，从“橙爱玩国”到“智托帮”，从“天赋学苑”到“一起成长”，有成功，也有失败。

值得庆幸和感恩的是，每逢关键时刻，总有贵人相助，恩师指路。例如，2010 年参加“多元智能国际论坛”，结识了三位引领我学术成长的重要老师：李方院长、陈杰琦教授、霍华德·加德纳教授。之后，我在中国教育学会开展了“多元智能理念在家庭教育中的应用”的重点课题。2012 年去清华大学进修，认识了生命中另一位重要的恩师——高成华教授。在他的推荐下，我加入了中国优生优育协会儿童脑潜能开发专业委员会。2016 年，我成为中国教育学会“十三五”课题“借鉴多元智能理论，开发学生潜能的实践研究”课题组总负责人。2019 年，我与华东师范大学郭力平教授一起编著的《早期教育环境创设》一书成为“十三五”重点规划教材，也是高校学前教育系的教材。2020 年之后的 4 年多里，我共录制了 150 多集天赋教育系列课程。

我要特别感谢那些一直支持天赋教育事业发展的伙伴们：阿甘老师、叶利明老师、Mark 老师、琴心、路娜、祝金伲、陈立明、子青、胡芳等诸位良师益友。还要感谢汪幸老师，给我设计了这么可爱又英姿飒爽的漫画形象，感谢羽桐为我的书创作的插画，感谢我的父母、先生、兄弟姐妹和亲友们，还要感谢我的儿子，他是我幸福感与灵感最重要的源泉。

太多要感谢的人，不能一一道谢，在此深深感恩。

书写完了，我漫步在黄浦江边，两岸灯光璀璨，江面波光粼粼。想起这一路走来，光尘互染的生命体验，矢志不渝的求索，一转眼已年过四十，看着眼前昼夜奔流不停的河水，“逝者如斯夫，不舍昼夜”。生命转瞬即逝，唯思想、灵感与爱永存。

愿余生“传天赋经，创济世业，成爱的传播者，用心点亮路过生命的每一个人”。

披荆斩棘的少年——Peter 成长记

我的儿子 Peter 从小就内驱力很强，很小的时候，他就立志长大后要成为科技型的企业家，经常画出各种“空气汽车”的图纸。

在他上小学二年级的时候，我因为事业的发展把公司总部搬到了上海。于是，我想让他到上海读小学，他的回答竟然是：“妈妈再等等，我是温州人，如果这么早就离开家乡去上海读书，我会觉得我的根被拔掉了。”我一动不动地看着他，简直不敢相信，这句话是从一个未满 10 岁的孩子嘴里说出来的。我尊重了他的感受，开始了我兼顾事业和家庭的双城生活。

五年级时，他顺利通过面试，考入上海协和双语学校。由于温州和上海两个城市的课程差异，他有两个学期的成绩几乎全年级垫底。Peter 说：“妈妈，我终于明白，学渣、学霸不是指一个人，而是每个人在不同阶段不同科目时的一种状态。”当他经历了学业上的挫折，还能说出这句话时，我很感动。

在初一升初二的暑假，他独自飞往美国参加夏令营。回来后，他说：“作为中国的孩子，我想要参加高考，接受一次高强度的锻造。”

DAWZONE

我又一次惊讶于他的决定，因为愿意主动吃学习的苦的孩子实在难得。但是，上海协和双语学校提倡素质教育，不属于很“卷”的学校，一半以上的学生选择国际高中，他想考重点高中，就要付出很大的努力。

那时，由于我和孩子爸爸工作忙，都经常出差，他常常一个人在家里。他说自己做完作业，就听樊登老师讲书。我一看听书记录，他已经听了 300 多本书了，并且《自驱型成长》这本书他听了十几遍。中考时，他以年级第二名的成绩，顺利考上了上海重点高中。

开学第一天，他回家后对我说：“妈妈，我们同学一起成立了一个社群‘卷屋’，共享好的学习资料，交流学习方法。”那一刻，我看到的是博爱并愿意分享的阳光男孩。

高一文理分班时，他因为喜欢政治，熟读历史，一不小心考进了学校唯一的文科实验班。好处是前几届文科实验班是进“双一流”大学最多的，好的能去上海交通大学、复旦大学等。他问我可不可以让他体验一个学期的文科再转理科。我的一位当校长的朋友是这么回答的：“不识字的人都不会这么选。”我同事说：“天啊，这想法让我心跳加快，多么大胆的娃和大胆的妈敢这么干啊。”但，我们真的这么干了。因为在我看来，孩子的成长过程，哪怕看上去走的是弯路，只要是孩子主动想去尝试的生命成长的体验，比顺利考个高分进个好学校更重要，因为这会带给他一生难忘的不一样的体验，让他感受到自己可以为自己的人生做主，同时也愿意为自己的选择去承担责任。于是，他经历了分班先进文科实验班，又从文科转理科的过程，并且在他高二时，他又主动给自己的学习增加难度，同时面对“高考”“国际升学”“雅思”三线作战。幸运的是，他以超强的心力和抗挫折能力，在国际升学考试中取得了优异的成绩，收到了多所世界知名大学的录取通知书，雅思也考到了 7 分。

到本书即将出版时，Peter 还在继续备战他的高考。他说：“妈妈，我们这一路升学就像是拿着一叠的体验卡到处玩似的。”哈哈，对啊，这一路的体验很丰富，最终考上哪所大学已经不重要了，因为一个拥有强大的生命力和心力，爱国、爱家、爱身边的人，又敢于面对问题去挑战，在人生关键选择时果敢不纠结，还愿意吃苦又自律的娃，他干什么都能成！

上辈子拯救了银河系，今生遇见这么好的娃。

“P 宝，妈妈要给你打满分 100 分！”

“那我给妈妈打 1000 分！”

“那妈妈给你打 10000 分！”

“那我就给妈妈打 1 亿分！总之，不管你给我打多少分，我都要在你的分数后面加个 0。”

“如果用三个词形容妈妈，你会用哪三个词？”

“坚韧，乐观，幽默！”

哇，原来，我 18 年的养育，留给孩子的是这样的印象。

自己的娃长大了，我要心无杂念，如绝江河般，把内心的善念放大，去影响更多的家庭和孩子，健康快乐成长。愿每个生命都能天赋绽放，成为最好的自己！

最后送大家一首小诗：

修一条通向心灵的路
那里，孩子天赋绽放
那里，人们安居乐业
每个人做着自己喜欢的事
就像是自然界的万物
杜鹃不会和松树比高
小草也有属于自己的芬芳

图书在版编目（CIP）数据

天赋教育 / 吴龙英著. -- 北京 ：中国妇女出版社，2025. 8. -- ISBN 978-7-5127-2496-9

Ⅰ. G78

中国国家版本馆CIP数据核字第2025NM9993号

责任编辑：朱丽丽
封面设计：李　甦
责任印制：李志国

出版发行：中国妇女出版社
地　　址：北京市东城区史家胡同甲24号　　邮政编码：100010
电　　话：（010）65133160（发行部）　　65133161（邮购）
网　　址：www.womenbooks.cn
邮　　箱：zgfncbs@womenbooks.cn
法律顾问：北京市道可特律师事务所
经　　销：各地新华书店
印　　刷：北京中科印刷有限公司

开　　本：165mm×235mm　1/16
印　　张：13
字　　数：180千字
版　　次：2025年8月第1版　　2025年8月第1次印刷
定　　价：59.80元

如有印装错误，请与发行部联系